일러두기

① 방탄소년단의 그룹명은 맨 처음 서술할 때는 한글명과 영문명을 병기했고, 이후에는 일괄 영문명인 BTS로 표기했습니다.
② 방탄소년단 멤버들의 이름은 맨 처음 서술할 때는 본명과 활동명을 병기했고, 이후에는 활동명으로 표기했습니다.
③ 앨범·방송 프로그램·썸머 패키지·시즌 그리팅은 〈 〉로, 곡·유튜브 콘텐츠·행사명에는 ' '를 사용했습니다.
④ 앨범·곡·콘서트·방송 프로그램명은 원제목을 그대로 수록했습니다.
⑤ 썸머 패키지·윈터 패키지·시즌 그리팅은 맨 처음 서술할 때는 원어 표기를 기본으로 하고, 이후 서술할 때는 가독성을 위해 한글로 표기했습니다.

〈THE PURPLE ROAD〉는 한경매거진 여행팀이 취재 중 만난 BTS의 흔적과 아미들의 추천을 받은 명소 130여 곳을 모은 책입니다.
책에 소개되지 않은 BTS가 다녀간 명소나 맛집, 추억이 서린 곳이 있다면 알려주십시오.
차곡차곡 모아두고 취재해 다음 개정판에 반영할 수 있도록 하겠습니다. 제보해주실 곳 mook@hankyung.com

연습생 시절 추억의 장소부터
뮤직비디오 촬영지까지

2014년 8월 19일, 서울 용산구 블루스퀘어
첫 번째 정규 앨범 〈DARK & WILD〉 발매 기념 쇼케이스 현장에 BTS가 섰다. 소름 돋는 가창력과 완벽한 댄스까지 이날을 위해 7명의 멤버는 쉬지 않고 달렸다. 슈가는 이날 "이제까지 발매한 싱글과 미니가 준비운동이라면 정규는 진짜 달리기라고 생각한다"고 말했다. 그리고 10년 뒤 그들은 세계적 보이 그룹으로 성장했다.

SCENE #2

2021년 6월 2일, 〈2021 BTS FESTA〉 OPENING CEREMONY

BTS의 공식 페이스북에 파스텔 톤의 캐주얼 의상을 맞춰 입은 멤버들의 사진이 공개됐다. '2021 BTS FESTA'를 기념해 촬영한 BTS 가족사진이다. 이 사진을 시작으로 페스타 기간 동안 BTS 포토 컬렉션, 방림이네 사진관, 2021 아미 프로필, 2021학년도 페스타고사, 아미 만물상점 등을 선보였다. 매년 그들의 데뷔일인 6월 13일을 기념해 진행하는 이 행사 기간에는 다양한 콘텐츠가 쏟아져 나온다.

SCENE#3

2021년 7월 1일, 강원 삼척시 맹방해수욕장
싱글 CD 〈Butter〉의 콘셉트 포토가 공개됐다. 7명의 멤버들이 알록달록한 파라솔과 선베드에 누워 여유로운 한때를 즐기는 모습이다. 싱글 CD 〈Butter〉는 BTS의 공식 팬덤 아미(ARMY)의 생일인 2021년 7월 9일에 맞춰 발매됐다. 음반 판매 집계 사이트 '한터차트'에 따르면 〈Butter〉는 발매 이후 일주일 동안 197만 장 넘게 판매됐다.

SCENE #4

2021년 11월 22일, 미국 캘리포니아주 로스앤젤레스 마이크로소프트 극장
BTS는 '2021 American Music Awards(이하 AMAs)'에서 'Artist of the Year(올해의 아티스트)'상을 수상했다. 아시아 아티스트로서는 최초 수상이다. RM은 이날 수상 소감을 전하며 여느 때처럼 아미들에게 감사와 사랑을 표했다. "그 누구도 우리가 이 상을 받을 것이라고 상상하지 못했겠지만, 아미 여러분은 그렇지 않았다. 한국에서 온 7명의 소년이 음악과 사랑으로 뭉쳤고, 우리는 전 세계 아미에게 감사를 전한다."

SCENE#5

2022년 10월 15일, 부산 연제구 부산아시아드주경기장

2030 부산세계박람회 홍보대사로 공식 위촉된 BTS가 부산에서 공연을 진행했다. 〈BTS 'Yet to Come' in BUSAN〉은 2030 부산세계박람회 유치를 기원하는 마음을 담아 부산아시아드주경기장에서 개최됐다. 부산은 멤버 지민과 정국의 고향이기도 해 더욱 의미가 깊다. 정국은 "저와 지민 형의 고향이 바로 이 부산"이라며 "이렇게 또 부산에서 많은 아미와 시간을 함께 보내게 되어 너무 설렌다"고 말했다. 이날 공연은 콘서트 현장 외에 JTBC, 일본 TBS 채널 1을 통한 TV 중계 송출은 물론, 위버스·제페토·네이버 나우 등의 온라인 플랫폼에서도 실시간으로 송출되며 전 세계인의 축제로 꾸려졌다.

CONTENTS

075

014
A.R.M.Y ON THE STREET
퍼플 로드에서 만난 전 세계 아미

016
MAP
한눈에 보는 대한민국 퍼플 로드

104

030

PART 1
City Story
BTS의 기억이 담긴 대한민국
4개 도시의 이야기를 담았다.

020
SEOUL
BTS의 모든 날, 모든 순간

032
WANJU
완주에서 완주하는
BTS 여름 이야기

042
GANGWON
BTS가 사랑한 바다

052
BUSAN
꽃이 피기 전 꿈을 키우던
그들의 고향

PART 2
Travel Road ⑨
9개 지역에 남은 BTS의
흔적을 따라가 본다.

062
① 서울
피 땀 눈물 따라 서울 한 바퀴

066
② 경기북부
예술가를 위한 사색의 시간

070
③ 경기남부
BTS로 꽉 채운 드라이브 코스

074
④ 강원
보고 싶고, 먹고 싶어!

078
⑤ 대구
슈가와 뷔의 추억 깃든 대구 버스 여행

091

082
⑥ 부산
BTS 투어의 즐거움에 맛을 더하다

086
⑦ 광주
광주 베이비 홉을 따라서!

090
⑧ 경주
BTS와 함께 다시 만나는 경주

094
⑨ 제주
멤버들 따라 인증 샷 찰칵!

111

050

067

095

118

PART 3
Theme Tour
테마를 정해 여행하고 싶은
이들을 위해 7개 주제를 정리했다.

100
유년 시절
그때 그 시절 추억의 장소

102
연습생 시절
피 땀 눈물의 흔적 찾아…

104
벽화가 있는 마을
눈이 행복해지는 BTS 벽화 여행

106
뮤직비디오 촬영지
뮤직비디오 속 아름다운 배경들

108
그들의 취미 생활
취미 생활도 BTS처럼!

110
예술 여행
RM 따라 떠나는 미술관 투어

112
사진 속 그 맛집
BTS 흔적이 남아 있는 미식투어

FEATURE

114
MUST DO IT
BTS 따라잡기 BEST 5

116
GOODS
수집가들을 위한
BTS 굿즈 숍 모음ZIP

118
STAMP TOUR
BTS 따라 스탬프 투어

120
ARMY CULTURE
BTS를 비상하게 한
A.R.M.Y라는 날개

122
CONCERT HALL
콘서트홀로 보는
BTS 성장기

A.R.M.Y ON THE STREET

퍼플 로드에서 만난 전 세계 아미

"제 운명은 확실히 BTS였나 봅니다"

> Baek Ji-eun
> BTS를 사랑하는 마음을 담은 책 〈보라하라, 어제보다 더 내일보다 덜〉을 출판한 한국인 아미

책이 나오면 제가 BTS 팬이라는 사실이 영원히 박제되는 거잖아요. 이게 어떻게 보면 제 평생의 흑역사가 될 수도 있다고 생각했어요. "재작년의 내가 오늘의 나를 전혀 예상하지 못했듯 내년의 내가 전혀 상상되지 않는다. 그래서 내 책장에 두고두고 남게 될 이 글의 마침표를 이렇게 찍는다. 아무렴, 지금처럼 행복하겠지." 이 글을 2019년 말에 썼는데, 2023년의 저는 여전합니다. BTS 팬이라서 아무렴, 그때처럼 행복하다고.

> Erica
> BTS를 주제로 석사 논문을 쓸 정도로 BTS의 음악을 사랑하는 이탈리아인 아미

"BTS가 없다면 지금의 저도 없을 거예요"

2016년 BTS 음악을 접한 이후로 한국의 언어·역사·문화에 관심이 생겼어요. 2019년 교환학생 프로그램을 통해 한국 땅을 처음 밟았고, 서울이란 도시에 큰 매력을 느껴 현재까지 거주하고 있습니다. BTS는 저에게 많은 영감을 줬어요. 그들이 노래하는 꿈·좌절·자기애·자신감 등을 통해 위로받았고, 저 또한 한 단계 성장할 수 있었죠. BTS는 기쁠 때나 슬플 때나 항상 그 자리에 있어준 고마운 존재예요!

Hatsuho & Kaho
BTS 투어를 위해 한국을 방문한 일본인 자매 아미

"BTS는 마치 디오니소스 같아요"

BTS가 직접 쓰는 가사는 매우 시적이에요. 풍류를 사랑하는 디오니소스 신이 생각날 정도로요. 또 그들은 매우 똑똑하고 진실하죠. 멤버들이 보여주는 성실함과 조화로움은 저에게 매우 큰 의미가 있어요.

Yolanda
출장차 한국을 방문해 BTS 투어를 한, 스위스에 거주하는 필리핀인 아미

"일상 속에서 BTS 오빠들을 생각하면 더 열심히 살아야겠다는 생각이 들어요"

BTS 오빠들은 잘생기기도 했지만, 세계적 스타가 된 지금까지도 열심히 연습하고 겸손하다는 점이 정말 멋져요. 많이 좋아해요. 항상 힘을 얻고 있어요. 감사합니다!

Karen
슈가 단독 콘서트를 보러 온 김에 논현동 일대에서 BTS의 발자취를 따라가고 있는 싱가포르인 아미

"BTS를 좋아하는 마음이면 모두 친구가 돼요"

마음이 맞는 아미들끼리 만나 BTS 투어를 다니곤 해요. 처음 만나는 사이더라도 BTS 이야기로 금세 친구가 되죠. 멤버들에게 좋은 기억이 담긴 장소를 찾아다니며 그들의 추억을 아미들과 나누는 것이 제 기쁨이고 행복이에요.

Tata
BTS와 한국이 좋아 한국에서 살고 싶은 태국인 유학생 아미

"BTS는 저의 전부예요"

아미들 사이에는 "BTS will come into your life when you need them(BTS는 당신이 필요로 할 때 당신의 삶에 들어올 것입니다)"이라는 말이 있어요. 저는 아미가 된 지 오래되지 않았지만, 이 말이 정말 맞다고 느꼈어요. BTS는 나 자신과 이 세상을 사랑하는 법은 물론이고, 인생의 모든 시련과 어려움 속에서도 최선을 다해야 한다는 것, 성취한 것이 무엇이든 겸손하고 감사하는 법을 알려준 존재예요.

한눈에 보는 대한민국 패키지 관광

MAP

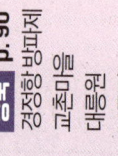
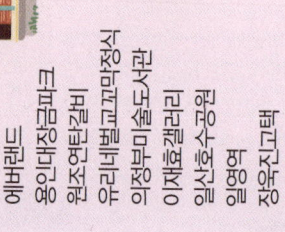
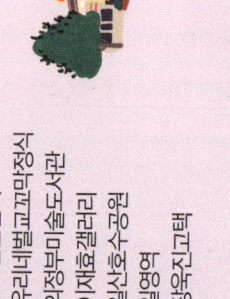
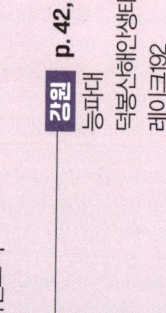
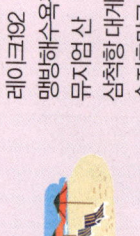
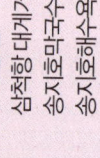

서울 p. 20, 62
- 경복궁
- 국립중앙박물관
- 노들섬
- 도이문박물관마을
- 동대문종합시장 악세사리 상가
- 롯데월드
- 문화비축기지
- 숭례문
- 실버키드하우스
- 이찻산
- 엘리카메라
- 여의도한강공원
- 월드컵대교
- 우장식당
- 을지다방
- 청구부덕
- 카페 휴가
- 옥동공원
- 한국전통주연구소
- 해서다우드
- HYBE

경기 p. 66, 70
- 경기미래교육 용인캠퍼스
- 고양관광정보센터
- 구둔스테이
- 구둔역
- 다람쥐농장백숙
- 라이크라이크
- 문호리나루터
- 서후리숲
- 양주시립장욱진미술관
- 에버랜드
- 용인대장금파크
- 원조연탄길비
- 유리베블교꼬막정식
- 의정부미술도서관
- 이재호캘러리
- 일산호수공원
- 일영역
- 장욱진고택

강원 p. 42, 74
- 능파대
- 덕봉산해안생태탐방로
- 레이크192
- 맹방해수욕장
- 뮤지엄 산
- 삼척항 대게거리
- 송지호묘수두
- 송지호해수욕장
- 어사이7
- 채이드가든
- 초곡용굴촛대바위
- 춘천왕닭갈비숯불철판
- 향호해변

경북 p. 90
- 경정항 방파제
- 교촌마을
- 대릉원
- 보문정
- 불국사

충북 p. 107
- 모산비행장

인천광역시
서울특별시
경기도
강원도
충청북도
세종특별자치시

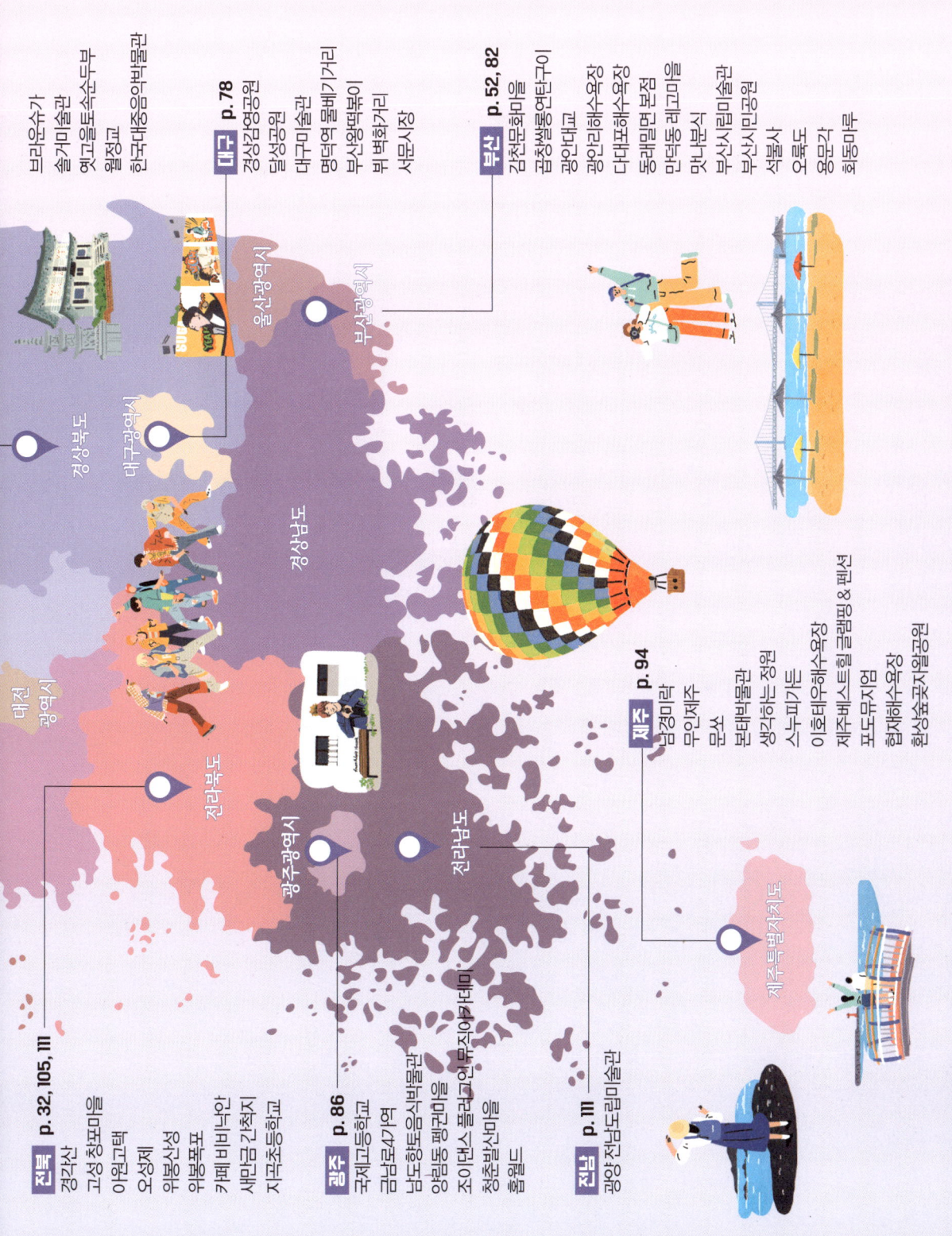

PART III

BTS

피와 땀, 눈물로 가득했던 연습생
시절부터 대한민국을 대표하는
월드 스타가 되기까지….
서울특별시, 전라북도 완주,
강원특별자치도 삼척, 부산광역시 등
BTS의 기억이 담긴 대한민국
각 도시의 이야기가 펼쳐진다.

CITY 1. **SEOUL**

STORY

CITY

도시 그리고 BTS

CITY 2. <u>WANJU</u>　　　CITY 3. <u>GANGWON</u>　　　CITY 4. <u>BUSAN</u>

CITY STORY ①
SEOUL

BTS의 모든 날, 모든 순간 — 서울

그야말로 피와 땀, 눈물범벅이었던 연습생들이 화려한
스포트라이트를 한 몸에 받는 월드 스타 BTS로 거듭나기까지
서울은 BTS의 모든 날, 모든 순간을 기억하고 있다.

#〈지미 팰런 쇼〉 #'달려라 방탄' #국제 자선 콘서트

2012~2014년
연습생 시절 울고 웃던 '학동공원'

소속사 사무실과 옛 숙소가 있던 강남구 논현동 일대는 방탄소년단(BTS)의 추억이 곳곳에 묻어 있는 지역이다. 지민은 자체 콘텐츠 '달려라 방탄'에서 이곳을 방문해 옛 기억을 회상했다. 이곳에서 2013년 발매된 미니앨범 1집 《O!RUL8,2?》의 타이틀곡 'N.O'의 무대를 연습하기도 했고, 동갑내기 친구 뷔와 다투고 학동공원에서 화해한 적이 많다고 전하기도 했다. 또 정국은 생각이 많아질 때면 이곳을 찾았다고 말하기도 했다. 그네 바로 옆에는 2014년 추석을 맞이해 멤버 전원이 한복을 입고 촬영한 정자인 유학정(遊鶴亭)도 자리 잡고 있다.

왼쪽 멤버들의 소중한 추억을 기억하고 있는 그네. 지역 주민들에게는 일명 BTS 그네로 통한다.
오른쪽 추석을 기념해 멤버 모두가 곱게 한복을 차려입고 사진을 촬영한 정자.

2020년
〈지미 팰런 쇼〉 공연 선보인 경복궁

소속사의 자금난으로 데뷔를 하지 못할 거라는 소식을 들었던
석진(진)·윤기(슈가)·남준(RM)·호석(제이홉)·지민·태형(뷔)·정국
7명의 청춘은 상상이나 했을까? 미국 NBC 간판 토크쇼에서
자신들을 위한 프로그램을 기획할 것이라고. 또한 조선왕조의
정궁이었던 경복궁을 무대 삼아 미국 대중들 앞에서 공연을 선보일
것이라고. 2020년 9월, NBC의 〈The Tonight Show Starring Jimmy
Fallon〉(이하 〈지미 팰런 쇼〉)는 닷새동안 다양한 구성으로 BTS의
모습을 보여주는 'BTS 위크'를 기획했다.

왼쪽 한국 전통 문양이 돋보이는 기와는
어떻게 찍어도 아름답기만 하다. 문을
액자 삼아 밖으로 보이는 기와와 담장을
촬영하면 궁궐에서만 찍을수 있는
특별한 연출 컷이 완성된다.
오른쪽 경복궁 근정전 서편에 위치한
경회루. 나라에 경사가 있거나 사신이
왔을때 연회를 베풀던 곳이다.

BTS는 경복궁 근정전과 근정전의 서북쪽 연못 안에 세운 경회루에서 무대를 펼쳤다. 한복을 입은 멤버들은 보라색 조명으로 물든 경복궁 근정전을 배경으로 'IDOL', 'Dynamite' 등의 화려한 퍼포먼스를 선보였으며, 밤하늘 아래 불을 밝힌 경회루에서는 '소우주'를 열창했다. 연못에 비친 누각 그림자와 '소우주' 노래가 어우러지며 고즈넉한 한국 고궁의 아름다움이 담긴 이 무대는 유튜브에서도 한참 동안 화제가 됐다.

2020년

싱그러운 청춘미 뽐낸 노들섬

2020년 11월, BTS의 공식 네이버 포스트 계정에 '2021년도 휀–클럽 아미와 함께할 비티엣–스가 돌아왔습니다!'라는 제목의 글이 게재됐. 바로 BTS의 〈2021 SEASON'S GREETINGS〉(이하 〈2021 시즌 그리팅〉)에 담긴 화보의 프리뷰 컷이 공개된 것이다. 목 끝까지 잠가 입은 체크 남방과 잠자리 안경, 목에 두른 손수건과 멜빵바지, 가르마에 알이 큰 안경, 럭비 칼라 티셔츠, 줄을 짧게 멘 크로스백까지 1970~1980년대 풋풋한 대학생을 연상시키는 옷차림을 한 멤버들은 노들섬 곳곳에서 〈2021 시즌 그리팅〉 화보를 촬영했다.

왼쪽부터 BTS가 일렬로 서 단체 사진을 촬영한 노들서가 옥상. 해가 질 무렵의 노들섬의 풍경. <2021 시즌 그리팅> 화보에서 진이 지도를 펴 보던 장소.

위 '달려라 방탄 – 응답하라 방탄마을 1편'의 오프닝을 촬영한 돈의문구락부. 과거 이 마을에 거주했던 테일러(W. W. Taylor)의 이야기와 근대 신문물 그리고 근대 사교장이었던 구락부를 경험해볼 수 있다.
아래 남준이 맡은 역할인 '김매표'의 일기장을 발견한 새문안극장 내 매점. 정각 7시에 맞춰진 손목시계를 찾은 새문안극장의 상영관.

2020년

달려라 방탄! '응답하라 방탄마을'의 그곳, 돈의문박물관마을

과거를 거슬러 온 방탄마을 주민들. 평화로운 방탄마을의 아미 비석을 깨트린 범인을 찾아 이리 뛰고 저리 뛰는데….
두 편으로 나누어 공개된 '달려라 방탄 – 응답하라 방탄마을'은 돈의문박물관마을에서 촬영했다. 이곳은 재개발 지역으로 선정되어 전면 철거될 예정이었으나, 한양도성 서쪽 성문 안 첫 동네라는 역사적 가치를 인정받아 마을 전체가 박물관으로 재탄생했다. 총 40개 동으로 조성된 이 마을에서 BTS는 마을안내소 → 돈의문구락부 → 삼대가옥 → 생활사전시관 → 새문안극장 → 돈의문콤퓨타게임장·새문안만화방 → 서대문사진관 → 삼거리이용원을 오가며 추리 게임을 펼쳤다.

위부터 '미용홉'이라는 캐릭터를 부여받은 제이홉의 알리바이를 추적한 삼거리이용원.
추억의 리어카 목마. 어린이들은 직접 타볼 수 있다.
실제 오락기로 게임을 해볼 수 있는 돈의문콤퓨타게임장.

2021년

**숭례문에서 지구 보호와
빈곤 퇴치를 외치다**

2021년 9월 진행된 국제 자선 콘서트 〈Global Citizen Live〉에서 선보인 'Butter' 퍼포먼스에서는 눈을 의심케 하는 장면이 연출됐다. 멤버 정국이 우리가 멀찍이서만 볼 수 있었던 숭례문에 올라가 있는 모습이 담겼기 때문이다. 지구 보호와 빈곤 퇴치를 위해 한국, 미국, 브라질, 영국, 프랑스, 호주 등 전 세계 6개 대륙의 주요 도시를 연결하는 형태로 24시간 생중계된 이 콘서트에서 BTS는 숭례문을 무대 삼아 'Permission to Dance'로 콘서트의 시작을 알렸다. 현대적인 고층 빌딩과 옛 전통을 간직한 숭례문이 대비되면서 BTS의 무대는 더욱 빛을 발했다.

현존하는 한국 성문 건축물로는 가장 규모가 큰 숭례문. 숭례문은 조선 시대 한양도성의 남쪽에 위치하고 있어 남대문(南大門)이라고도 불린다.

CITY STORY ②
WANJU

완주에서 완주하는 BTS 여름 이야기 __ 완주

BTS가 세계적 가수로 확고하게 자리매김하던 2019년,
7명은 완주에서 함께했다.
눈부신 햇살과 찬란한 웃음이 담긴 여름날의 기록.

#2019 BTS 썸머 패키지 #힐링 성지 #한옥의 아름다움

왼쪽 아원고택의 서당에서 바라본 풍경. 조선 시대 함평에서 서당으로 쓰였던 건축물을 옮겨왔다. 대청마루에 앉으면 BTS 일곱 멤버가 감탄한 한옥마을의 비경이 한 폭의 그림처럼 펼쳐진다.
오른쪽 연못 너머 병풍처럼 드리운 종남산의 푸른 산세가 사뭇 경이롭다.

2019년 ─── BTS도 반한 한옥마을, 아원고택

2019년 6월 세계 최고 가수들만 선다는 영국 웸블리 스타디움 무대 이후 BTS는 한국의 아름다움을 세계에 알리고 싶다며 패키지 촬영을 국내에서 진행했다. 〈2019 SUMMER PACKAGE〉(이하 〈2019 썸머 패키지〉)의 배경이 된 완주는 전 세계 아미들의 사랑을 받았다. BTS가 극찬한 아원고택도 그중 하나다. 아원갤러리(갤러리 겸 카페)와 아원고택(한옥 스테이)을 갖춘 복합 문화 공간으로, 숙박하지 않아도 입장료를 지불하면 공간 일부를 탐방할 수 있다.

2019년 —— 역사의 흔적 위에 찍힌 7명의 발자국

멤버 정국이 "영화에 나올 법한 멋진 곳"이라며 감탄한 위봉산성은 1675년(숙종 1년)부터 7년에 걸쳐 쌓은 길이 16km의 성벽이다. 서·동·북문 3개의 성문과 8개의 암문이 있었지만 대부분 소실되고, 일부 성벽과 전주로 통하는 서문이 유일하게 현존한다. 서문 위에 있던 세 칸의 문루는 붕괴돼 지금은 높이 3m, 폭 3m의 아치형 석문만 남았다. 이곳에서 BTS가 〈2019 썸머 패키지〉 화보를 촬영했다. 멤버들의 촬영 당시 모습이 그림으로 소개된 '완주 BTS 힐링 성지' 표지판을 따라 인증 샷을 찍는 것도 BTS 성지순례의 묘미다.

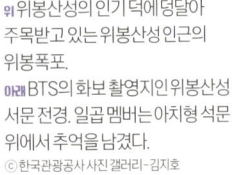

위 위봉산성의 인기 덕에 덩달아 주목받고 있는 위봉산성 인근의 위봉폭포.
아래 BTS의 화보 촬영지인 위봉산성 서문 전경. 일곱 멤버는 아치형 석문 위에서 추억을 남겼다.
ⓒ한국관광공사 사진갤러리-김지호

위봉산성은 백성들의 피란을 목적으로
조선 숙종때 축성된 산성이다.

2019년 ── 오성제 외톨이 소나무, 더 이상 외롭지 않아요

흰 천 사이로 모습을 드러낸 BTS 뒤로 흰 구름을 그대로 투영하는 맑은 저수지가 조화롭다. 완주 BTS 로드의 시작점인 소양 오성제다. 제방에는 신비로운 소나무 한 그루가 우뚝 서 있다. BTS가 다녀간 뒤 'BTS 소나무'라는 엄청난(!) 이름을 얻었다. 고산 창포마을의 평범한 시멘트 돌다리 역시 〈2019 썸머 패키지〉 촬영 이후 특별한 다리로 재탄생했다. BTS를 따라 인생 샷을 남기려는 팬들로 작은 다리 위는 사뭇 분주하다. BTS의 추억을 좇아 하늘을 가르며 날아볼 차례. 전국에서 손꼽히는 패러글라이딩 명소인 경각산에서 지민을 비롯한 BTS 멤버가 체험 비행에 도전했다. 400m 고도에서 15분 내외로 비행하는 B코스와 25분 남짓 비행하는 C코스가 바로 'BTS 코스'다.

왼쪽 오성제제방을 지키는 BTS 소나무.
오른쪽 위부터 경각산은 BTS 멤버들이 호수를 보며 날아오른 곳이다. 창포마을 다리 위에서 BTS를 따라 인증 샷을 남기는 사람들의 모습. 고산창포마을 전경.
ⓒ완주시

2019년 —— 만경강 따라

완주를 관통하는 만경강을 등지고 걷다 보면 비비정마을에서 가장 높은 '비비낙안'에 도착한다. 이곳을 배경으로 촬영을 마친 BTS가 잠시 쉬어 가며 완주의 비경을 눈에 담은 곳이다. 1573년(선조 6년), 만경강 상류에서 중류로 넘어가는 길목에 무인 최영길이 별장을 하나 지었다. 후에 송시열이 '날아가던 기러기가 쉬어 가는 곳'이라는 뜻의 '비비정(飛飛亭)'이라는 이름을 붙였고, 선비들이 비비정에 올라 기러기 떼를 바라보며 풍류를 즐긴 것을 가리켜 '비비낙안(飛飛落雁)'이라 불렀다. 현재 비비낙안은 카페 이름이기도 하다.

강변에서 바라본 만경강. 폐쇄된 옛 만경강철교와 비비정예술열차 뒤로 붉게 물든 하늘이 장관이다. 비비낙안에 오르면 이 풍경이 한눈에 들어온다.

CITY STORY ③
GANGWON

BTS가 사랑한 바다 ___ 강원도

대한민국 대표 휴양지, 강원도를 어찌 사랑하지 않을쏘냐.
산만큼 푸른 바다, 바다만큼 깊은 산이 사계절 눈부신 이곳에서
BTS는 자신들의 푸른 날을 화보와 앨범 재킷에 담았다.

#버스 정류장 #Butter #바다 캠핑

2017년
대한민국에서 제일 유명한 '버스 정류장'

붕어빵에 붕어가 안 들었듯 이 버스 정류장에는 버스가 서지 않는다. 하지만 그래서 유명한 것은 아니다. 강릉 향호해변에 오도카니 선, 버스가 서지 않는 버스 정류장이 밤낮 사람들의 사랑을 받는 까닭은 BTS 덕분. 2017년 2월 13일 발매된 〈YOU NEVER WALK ALONE〉 앨범 커버를 장식한 향호해변의 버스 정류장은 아미들의 발길이 이어지며 그 모습 그대로 복원되었다. 깨끗하고 푸른 동해 바다를 배경으로 빈티지한 멋을 풍기는 스폿은 아미는 물론, 일반인도 앞다퉈 기념사진을 남길 만큼 매력적이다.

BTS 버스 정류장이 세워진 향호해변은 강릉의 대표 관광지인 주문진해수욕장과 연결되어 찾기 쉽다. 주차 공간은 따로 없으니 주문진해수욕장 공영 주차장을 이용하자. 걸어서 5~10분 소요된다.

2021년
'빌보드 신화'의 무대, 맹방해수욕장

2021년 BTS는 세계 음악계에 새로운 역사를 썼다. 'Butter'가 빌보드 핫 100 차트에 10주 동안 1위를 기록한 것. 이 명곡을 수록한 앨범 재킷 촬영지가 바로 맹방해수욕장이다. 선베드, 파라솔, 비치 발리볼 네트 등 BTS의 사진 속 소품을 그대로 재현한 포토 존이 설치되어 있다. 덕분에 이제 삼척에서는 맹방해수욕장보다 '방탄해변'으로 불린다.

특히 이곳은 BTS는 물론, 아미에게도 특별한 장소다. 자칫 사라질 뻔한 해변을 아미가 지켜냈기 때문. 한 기업이 이곳에서 항만 공사를 진행하는 도중 해안침식이 발생해 해변이 훼손될 위기에 처하자 아미가 환경 단체와 함께 '세이브 버터 비치'라는 서명운동을 벌여 훼손을 막고 해변을 보존해냈다.

왼쪽 삼척에서 '방탄해변'으로 불리는 맹방해수욕장. 아미들이 지켜내 더욱 의미 있다. 맹방해수욕장의 <Butter> 앨범 재킷 촬영지를 한눈에 내려다볼 수 있는 야트막한 산. 나무 덱을 따라 걷다 보면 환상적인 바다 풍경을 만날 수 있다.

오른쪽 <Butter> 앨범 재킷 촬영에 쓰인 세트를 그대로 재현했다. 앨범 속 멤버들의 모습을 따라 인증 샷을 남겨보자.

위부터 거대한 타포니(Tafoni) 군락인 고성 능파대에서
BTS 화보집 〈2021 WINTER PACKAGE〉를 촬영했다.
오랜 세월 바람과 파도에 쓸린 기암괴석은 염분으로
구멍이 숭숭 뚫렸는데, 이를 타포니라고 한다.
오른쪽 위부터 늘 팬들에게 감사한 마음뿐이라는 정국이
해변에 남긴 메시지는 'BTS♡ARMY Forever',
정국을 따라 모래사장에 흔적을 남겨본다.
2022년 8월 6일 BTS 공식 유튜브 채널에 공개된
정국의 캠핑 브이로그 속 송지호해수욕장.

2022년
송지호에서 놀면 얼마나 재밌게요

울창한 소나무 숲과 드넓은 백사장이 펼쳐진 송지호해수욕장은 수려한 해안 경관을 자랑한다. 해변에 파라솔을 설치하고 휴가를 즐기는 사람들도 더없이 여유롭고 평화로워 보인다. 이 아름다운 해변에 정국도 다녀갔는데, 아미들의 마음을 설레게 한 정국의 캠핑 브이로그가 그 주인공이다. 직접 차를 몰고 여행을 떠나는 중에 정국은 "우리의 존재 이유는 아미!"라는 달콤한 고백도 들려준다. 송지호해수욕장에서 하룻밤을 보낸 정국은 장작을 태우며 불멍도 하고, 능숙한 솜씨로 삼겹살을 구우며 먹방 능력도 과시했다. 그리고 다음 날 아침 해변에 남긴 정국의 메시지는? 백 마디 말이 필요 없는 그의 진심은 아미들에게 영원히 기억될 것이다.

<Butter> 앨범 재킷을 촬영하러 간 맹방해수욕장에서 멤버들이 비치 발리볼을 하는 모습이 유튜브를 통해 공개되기도 했다. 현재 해수욕장에는 네트와 심판석, 서핑보드로 당시 모습을 재현한 포토 존을 운영하고 있다.

꽃이 피기 전
꿈을 키우던
그들의 고향 __ 부산

어린 시절 뛰어놀던 정겨운 골목이 손짓하고,
훌쩍 지나간 시간만큼 깊어진 바다가 어서 오라며 반긴다.
태어난 도시를 대표하는 그룹이 되기까지 그들이 남긴 발자취를 따라 부산으로.

#지민·정국 고향 #브이로그 #새해 소원

2019년
보라해 BTS, 보라해 광안리!

2019년 부산아시아드보조경기장에서 BTS는 데뷔 6주년 팬 미팅 'BTS 5TH MUSTER – MAGIC SHOP' 공연을 통해 팬들과 만났다. 공연이 끝난 뒤 지민은 네이버 인터넷방송 플랫폼인 V Live를 통해 자신의 고향 부산에 대해 이야기하며 호텔 밖으로 보이는 광안대교 뷰를 공유했다. 그는 BTS의 상징색인 보라색으로 빛나는 광안대교의 풍경에 감동받았다며 "아미들과 함께 보고 싶었다. (여러분 같은 분들이) 내 팬이 되어주어서 행복하다"고 애정을 드러냈다. 지민도 감탄한 광안리해수욕장은 푸른 바다와 반짝이는 광안대교가 돋보이는 부산의 대표 관광지다. 해변을 따라 카페 거리가 조성돼 있어 바다를 바라보며 커피 한잔의 여유를 즐기기 좋다.

* 보라해: BTS와 아미 사이의 사랑과 믿음을 뜻하는 말

긴 모래사장과 푸른 바다, 광안대교가 어우러진 풍경은 언제 봐도 아름답다.

왼쪽 지민과 정국의 얼굴이 그려진 벽화는 '감천한지마을공방솜씨' 옆에 있다.
오른쪽 위부터 감천문화마을안내센터로 올라가는 길목에서 바라본 마을 전경. 사이좋게 늘어선 파스텔톤 지붕이 정겹다. 감천문화마을 벽화를 배경으로 인증 샷을 남긴 인형 치미. 인스타그래머블한 포토 존이 곳곳에 있다.

2021년 ───
골목마다 숨어 있는 지민·정국의 추억을 찾아서
무지갯빛 벽화가 그려진 길을 따라 옹기종기 어깨를 맞댄 건물이
지천이다. 부산 대표 관광지인 감천문화마을은 어디서 봐도 아름답지만,
파노라마 뷰를 제대로 감상하고 싶다면 하늘마루전망대를 추천한다.
필수 코스는 부산 출신인 지민과 정국의 얼굴이 새겨진 벽화.
'부산의 자랑'으로 우뚝 선 BTS의 위상을 확인할 수 있는 공간이다.

왼쪽 바다에 보이는 '오륙도 Best Photo Zone'이 지민이 브이로그를 촬영한 장소다.
오른쪽 위부터 다대포해수욕장은 인근 생태습지를 따라 덱이 조성돼 있어 접근성이 좋다. 여름의 다대포는 지민이 브이로그를 촬영한 겨울과는 또다른 분위기를 자아낸다.

2015년, 2016년
오륙도 바다, 다대포해수욕장에 지민이가 왔다 갑니다

"부산아, 안녕~ 지민이가 왔다 간다!"
2015년 겨울. 휴가를 이용해 고향 부산을 방문한 지민이 BTS 공식 유튜브 채널 'BANGTANTV' 브이로그를 촬영한 곳. 바다를 좋아하는 지민은 "바다가 보고 싶어 서울행 기차 타기 2시간 전에 들렀다"며 오륙도를 소개했다. 같은 부산 출신 멤버 정국과 기차역에서 만나 함께 서울에 올라가기로 약속했다는 비하인드 스토리를 전하기도 했다. 지민의 바다 사랑은 새해에도 계속됐다. 지민은 2015년 오륙도에 이어 2016년 새해 일출을 보기 위해 다대포해수욕장으로 향했다. 남다른 팬 사랑으로 유명한 지민은 '아미들이 항상 웃는 일만 생기길'이라는 소원을 빌었다. 이 책을 보고 있는 아미들, 행복한가요?

ROAD BTS

PART 2

IN

대한민국
BTS
성지순례

KOREA

ROAD 1. **SEOUL**

ROAD 2. **GYEONGGI NORTHERN**

ROAD 3. **GYEONGGI SOUTHERN**

ROAD 4. **GANGWON**

ROAD 5. **DAEGU**

ROAD 6. **BUSAN**

ROAD 7. **GWANGJU**

ROAD 8. **GYEONGJU**

ROAD 9 **JEJU**

BTS가 다녀가면 성지가 된다. 서울특별시, 경기도 남부·북부, 강원특별자치도, 대구광역시, 부산광역시, 광주광역시, 경상북도 경주시, 제주특별자치도 등 그들이 머물렀던 대한민국 구석구석을 지도와 함께 소개하고 추천 여행 코스를 더했다.

TRAVEL ROAD ①

SEOUL

피 땀 눈물 따라 서울 한 바퀴

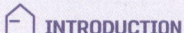

INTRODUCTION

서울은 BTS의 많은 것을 기억하고 있는 도시다. 피와 땀, 눈물로 가득했던 연습생 시절의 추억부터 전 세계에 송출되는 공연을 선보이는 영광스러운 순간까지….

SPECIAL POINT

멤버들의 연습생 시절 든든한 한 끼를 책임져준 '유정식당'과 숙소를 개조한 카페 '휴가'는 아미라면 꼭 가봐야 하는 성지 중의 성지!

서울 한 바퀴 당일치기 추천 코스

이촌동으로 이동할 때를 제외하고는 걸어서 충분히 가능한 코스!

학동공원 → (도보 6분) → 유정식당 → (도보 18분) → 카페 휴가 → (택시 25분) → 하이브 사옥 → (도보 16분) → 노들섬

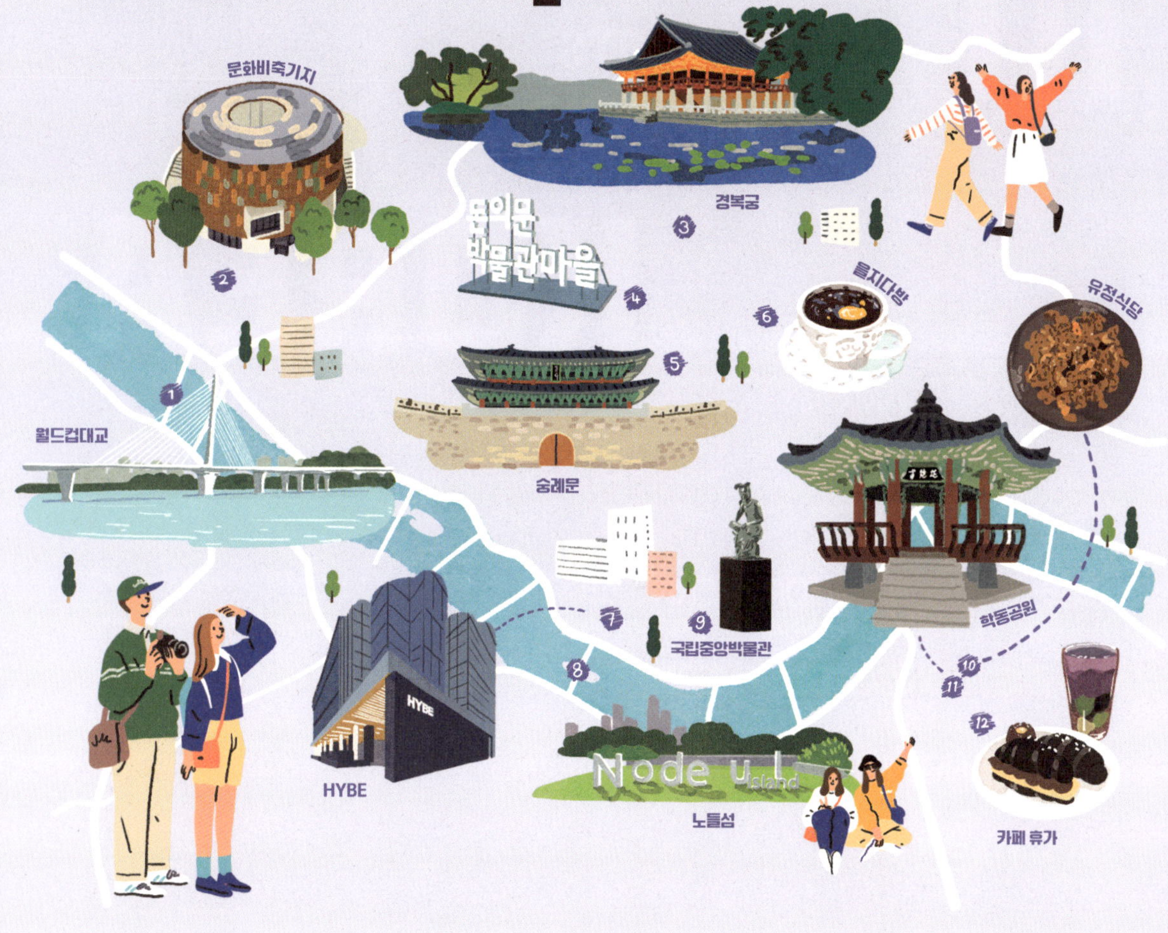

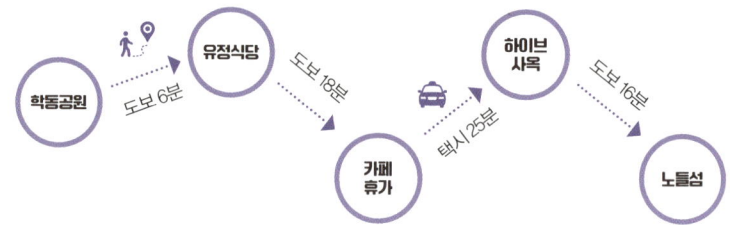

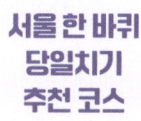

〈지미 팰런 쇼〉 공연 장소

2002 한일월드컵 개최를 기념해 '월드컵대교'라는 이름이 붙었어요!

〈지미 팰런 쇼〉 공연 장소

1. 월드컵대교

미국의 〈지미 팰런 쇼〉를 통해 'Butter' 공연을 선보인 곳으로, 마포구 상암동과 영등포구 양평동을 잇는 총길이 1980m, 너비 31.4m의 왕복 6차로 다리다.

📍 서울시 마포구 상암동

1. 월드컵대교의 야경.

3. 경복궁

경복궁 근정전은 조선 시대 법궁인 경복궁의 중심 건물로, 신하들이 임금에게 새해 인사를 드리거나 국가 의식을 거행하고 외국 사신을 맞이하던 곳이다. 경복궁 근정전 서북쪽 연못 안에 세운 경회루는 나라에 경사가 있거나 사신이 왔을 때 연회를 베풀던 곳이다.

📍 서울시 종로구 사직로 161
📞 02-3700-3900
🌐 www.royalpalace.go.kr

외국인 만 18세 이하, 내국인 만 24세 이하는 입장료 무료!

'달려라 방탄' EP. 87, 88

2. T6 커뮤니티센터.
3. T2 야외무대 전경.
4. T4 복합 문화 공간 내부.

한복을 입고 가면 무료로 입장할 수 있어요.

2. 문화비축기지

석유 6907만 리터를 보관하던 마포석유비축기지였던 이곳은 시민과 전문가의 아이디어로 생태 문화공원이자 복합 문화 공간으로 재탄생했다. BTS 멤버들은 T1부터 T6까지 이곳저곳에서 자체 콘텐츠 '달려라 방탄'을 촬영했다.

📍 서울시 마포구 증산로 87

미리 예약하면 해설사와 함께하는 시민 투어 가능!

5. 경복궁의 정문인 광화문 앞을 지키는 상상 속 동물, 해태 동상.
6. 경복궁 근정전.
7. 경복궁 경회루의 야경.

연습생에서 월드 스타가 되기까지…

2021년, BTS는 미국 NBC의 인기 TV 토크쇼 〈지미 팰런 쇼〉의 엔딩을 장식했다. 블랙 & 화이트로 차려입은 멤버들은 화려한 조명으로 꾸민 광활한 ① **월드컵대교** 위에서 'Butter' 무대를 선보이며 전 세계인을 매혹시켰다. ② **문화비축기지**는 자체 콘텐츠 '달려라 방탄'의 한글날 특집 촬영지로, 멤버들은 이곳에서 술래잡기를 진행했다. 지난 2020년 9월, 〈지미 팰런 쇼〉는 BTS를 집중 조명하는 'BTS 위크'를 편성했다. 5일 동안 매일 각기 다른 다섯 곡의 퍼포먼스를 펼친 이 프로그램에서 BTS는 ③ **경복궁** 근정전을 배경으로 'IDOL'에 맞춰 역동적인 안무를 선보였다. 방탄소년단과 아미(ARMY)의 로고가 수놓은 밤하늘 아래 불을 밝힌 경회루에서는 '소우주'를 열창하며 환상적인 분위기를 자아냈다.

'달려라 방탄' EP. 120, 121

4 돈의문박물관마을

도심 속에 자리한 시간여행체험 명소. 부캐를 부여받은 멤버들은 이곳에서 서로를 의심하며 추리 게임에 열을 올렸다.

서울시 종로구 송월길 14-3
02-739-6994
www.dmvillage.info

8. 돈의문박물관마을 마을마당.
9. 실제 극장처럼 매표소를 꾸며놓은 새문안극장.
10. 옛날 오락기를 체험해볼 수 있는 돈의문콤퓨타게임장.

5 숭례문

조선 시대 한양도성의 정문으로, 남쪽에 있다고 해서 남대문이라고도 불렀다. 현재 서울에 남아 있는 목조건물 중 가장 오래됐다. 정국은 국제 자선 콘서트 공연에서 숭례문에 실제로 올라가 화제를 모았다.

서울시 중구 세종대로 40
02-779-8547

국제 자선 콘서트 현장

상상법사, 손오공 등 상상의 동물 모습을 한 '장식 기와'. 불이 나지 않도록 지켜주는 역할을 해요!

아래 QR코드를 통해 미12시 신청하면 파수의식에 참여해볼 수 있어요!

6 을지다방

노른자 동동 띄운 따뜻한 쌍화차와 시원한 오미자차를 마실 수 있는 곳. 1985년부터 운영해온 이곳에서 BTS는 복고 패션을 선보였다.

서울시 중구 을지로 124-12층
02-2272-1886

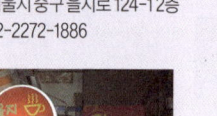

〈2021 시즌 그리팅〉

쌍화차의 달걀 노른자는 절대 터트리지 말고 드세요!

11. BTS가 앉았던 자리. 재개발 문제로 장소를 이전했기 때문에 구도가 약간 다르다.

7 HYBE

BTS가 몸담고 있는 하이브 사옥. 하이브는 2005년 프로듀서 방시혁이 설립한 엔터테인먼트 회사로, 이전에는 빅히트엔터테인먼트라는 이름으로 운영되었다.

서울시 용산구 한강대로 42

알이 큰 안경과 베레모, 멜빵바지… 과거로 거슬러 올라간 듯한 옷차림의 BTS 멤버들이 추리 게임을 펼쳤던 장소는 바로 ④ 돈의문박물관마을이다. ⑤ 숭례문은 2021년 9월 진행된 국제 자선 콘서트 〈Global Citizen Live〉의 무대가 되었다. 멤버들은 'Permission to Dance' 공연을 선보이며 미국, 프랑스, 브라질 등 전 세계로 송출되는 이 콘서트의 시작을 알렸다. 레트로한 소품과 인테리어가 돋보이는 ⑥ 을지다방에서는 〈2021 시즌 그리팅〉을 촬영했다. 이곳에서 뷔가 손으로 찍어 먹던 쌍화차를 그대로 맛 셔볼 수 있다. '2023 BTS FESTA' 기간에는 ⑦ HYBE 사옥 옆 담벼락에 BTS 벽화가 조성돼 있었다. 하지만 현재는 철거된 상태다.

책과 음악이 있는 노들서가도 꼭 들러보기!

〈2021 시즌 그리팅〉

RM이 본인의 인스타그램 계정에 올린 '사유의 방'.

8 노들섬

동작구와 용산구 사이 한강 위에 있는 섬. 노들섬이라는 이름은 '백로가 놀던 돌'이라는 뜻의 '노돌'에서 유래한 것으로 알려져 있으며, '음악을 매개로 한 복합 문화 기지'로 운영 중이다.

🏠 서울시 용산구 양녕로 445
☎ 02-749-4500
🌐 www.nodeul.org

12. 〈2021 시즌 그리팅〉 화보에서 진이 지도를 펼쳐 보던 곳.
13. 모든 멤버가 일렬로 서서 사진을 촬영한 노들서가 옥상.

9 국립중앙박물관

한국의 대표적 국립박물관. BTS는 이곳에서 서울시 홍보영상 등 다양한 영상을 촬영했다. RM이 소장한 휴대폰 케이스도 구입할 수 있다.

🏠 서울시 용산구 서빙고로 137
☎ 02-2077-9000
🌐 www.museum.go.kr

14. 온라인 가상 졸업식 'Dear Class of 2020'의 배경이 된 장소.

10 유정식당

BTS가 연습생 시절 자주 찾던 식당으로, 일명 '방탄비빔밥'이라고 부르는 흑돼지 돌솥비빔밥은 멤버들이 자주 언급해 아미라면 모르는 이가 없을 정도다.

🏠 서울시 강남구 도산대로28길 14
☎ 02-511-4592

방탄비빔밥 1만원!

'달려라 방탄' EP. Telepathy P.2

학동공원

BTS 멤버들의 많은 추억이 깃든 장소다. 2014년 추석을 맞이해 멤버 모두 한복을 입고 촬영했던 정자도 있다.
🏠 서울시 강남구 강남대로140길 47

학동 어린이공원과 헷갈리지 마세요!

15. 지민이 타던 그네. 주민들은 BTS 그네라고 부른다.

블랙소금빵 조기 품절 유의! 소금빵을 먹고 싶다면 이른 오전 시간에 가는 것을 추천해요!

12 카페 휴가

BTS의 연습생 시절 숙소를 카페로 개조해 운영하고 있다. 다양한 베이커리류와 음료를 판매하는데, 특히 아미를 상징하는 보랏빛 음료와 블랙소금빵이 인기다.

🏠 서울시 강남구 논현로119길 16 우성빌리지 뒷담길
☎ 02-3444-2022
📷 @hyuga1531

영화 〈건축학개론〉이 떠오르는 의상을 입고 촬영한 〈2021 시즌 그리팅〉 화보는 ⑧ **노들섬**을 배경으로 촬영했다. 코로나19로 인해 졸업식을 할 수 없는 전 세계 학생들을 위로할 'Dear Class of 2020'은 ⑨ **국립중앙박물관**에서 촬영했다. 수저통부터 휴지 케이스까지 온통 BTS 천국인 ⑩ **유정식당**은 멤버들이 즐겨 먹던 유정쌈밥, 흑돼지 돌솥비빔밥, 유정부대찌개 등을 판매한다. BTS의 자체 콘텐츠 '달려라 방탄'에서 지민이 그네를 타던 곳은 ⑪ **학동공원**이다. 지민은 그네에 앉아 미니앨범 1집 〈O!RUL8,2?〉의 타이틀곡 'N.O'의 무대를 이곳에서 연습했다고 회상했다. 일본, 필리핀, 캐나다 등 전 세계 아미가 찾는 ⑫ **카페 휴가**에서는 아미들이 각국의 언어로 BTS에 대한 사랑을 표현한 포스트잇을 찾는 재미가 쏠쏠하다.

TRAVEL ROAD ②
GYEONGGI NORTHERN

예술가를 위한 사색의 시간

INTRODUCTION
한강을 기준으로 경기도 북쪽에 위치한 양주, 의정부, 고양은 서울과 인접해 교통이 편리하고 산과 강의 매력을 오롯이 느낄 수 있다. BTS의 흔적과 문화·예술이 더해진 핫 플레이스를 담았다.

SPECIAL POINT
예술을 사랑하는 아미라면 양주시립장욱진미술관과 의정부미술도서관은 꼭 가볼 것! 북 큐레이팅이 훌륭한 것은 물론, 독특한 건축디자인을 보는 재미도 쏠쏠하다.

- 원조연탄갈비
- 라이크라이크
- 양주시립장욱진미술관
- 의정부미술도서관
- 다람쥐누룽지백숙
- 일영역
- 일산호수공원
- 고양관광정보센터

경기도 북부 당일치기 추천 코스

야외에 위치한 장소가 많으니 모자나 선글라스는 필수.

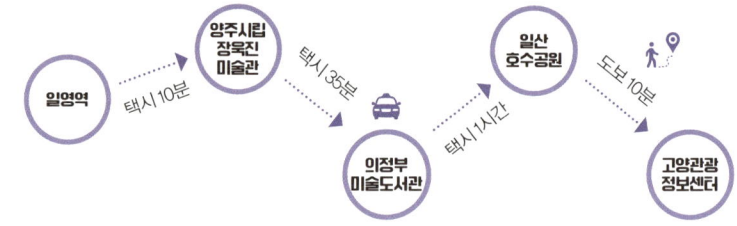

일영역 →(택시 10분)→ 양주시립장욱진미술관 →(택시 35분)→ 의정부미술도서관 →(택시 1시간)→ 일산호수공원 →(도보 10분)→ 고양관광정보센터

1

'봄날' 뮤직비디오 촬영지
일영역

1961년 문을 열어 2004년까지 여객열차가 정차하던 역이다. 뮤직비디오 속 계절은 겨울이지만, 여름날의 일영역도 푸르른 매력이 있다. 1960년대 옛 역사의 모습을 고스란히 간직하고 있다.

📍 경기도 양주시 장흥면 삼상리 327
📞 031-855-5482

재있는 포인트! '봄날' 뮤직비디오 속 일영역의 목적지와 실제 목적지가 다르다는 점!

1, 3. 뷔가 등장한 일영역 승강장.
2. 역 뒤편에 있는 대합실.

2

RM's PICK
양주시립장욱진미술관

장욱진화백을 기리기 위한 미술관. 미술관의 동선을 따라 늘어진 형태로, 건축학적으로도 재밌는 공간이다. 건축가는 장욱진의 호랑이 그림 '호작도'를 모티브로 디자인했다고 한다.

📍 경기도 양주시 장흥면 권율로 193
📞 031-8082-4245
🌐 www.yangju.go.kr/changucchin/index.do

4. 입장권. 어른 1명의 입장료는 5000원이다.
5. 양주시립장욱진미술관 전경.

이 조각상을 지나 언덕을 넘어가야 RM 존이 나와요!

혼자 방문했다면 이곳에 카메라 삼각대를 세우고 사진을 찍어 보세요!

옛 정취가 살아 숨 쉬는 경기도 북부

① **일영역**은 BTS의 정규 2집 앨범 〈YOU NEVER WALK ALONE〉의 타이틀곡 '봄날' 뮤직비디오 촬영지다. 뮤직비디오 속 뷔는 열차 플랫폼에서 등장한 후 철로로 걸어 들어가 선로에 뺨을 대어본다. 이곳은 이미 아미의 성지로 유명하다. 철로와 플랫폼에서 뷔의 포즈를 따라 하는 모습을 심심찮게 볼 수 있다. 장욱진 고택과 ② **양주시립장욱진미술관**을 모두 방문해 인증 샷을 남길 정도로 장욱진 화백에 대한 애정이 남다른 RM의 흔적도 따라가보자. 그가 미술관을 방문해 사진을 찍었던 잔디밭에는 둥근 모양으로 'BTS RM'이라는 마크가 새겨져 있다. 이곳에서 사진을 찍으면 RM과 같은 구도의 사진을 찍을 수 있다. 혼자 방문했다면 이 마크에 삼각대를 세워두고 사진을 찍으면 된다.

3

RM's PICK
의정부미술도서관

2019년에 개관한 국내최초 미술 특성화 도서관이다. 2020년 한국건축문화대상 우수상을 받을 정도로 건축적 아름다움이 뛰어나다. RM의 인증 샷 구도를 따라하면 멋진 인생샷을 남길 수 있다.

📍 경기도 의정부시 민락로 248
📞 031-828-8870
🌐 www.uilib.go.kr/art

5
RM 벽화
고양관광정보센터

수도권 전철 3호선 정발산역 1번 출구로 나오면 RM의 벽화가 보인다. 이곳에서는 고양시의 관광정보뿐만 아니라 한복 입어보기, 전통 놀이 체험 등을 제공한다.

📍 경기도 고양시 일산동구 중앙로 1271-1
📞 031-904-0638

2층 계단을 올라가자마자 왼쪽 구석에서 찍으면 RM과 같은 구도가 나와요!

6. 의정부미술도서관 외관.
7. 3층 기증 존에 마련된 RM의 자리.

일산호수공원

이제는 고양시의 상징이 된 근린공원. RM은 가사를 통해 한강보다 일산호수공원이 더 좋다며 무한 애정을 드러내기도 했다.

📍 경기도 고양시 일산동구 호수로 731
📞 031-909-9000

4

일산호수공원에서는 매년 고양호수예술 축제가 열려요!

8, 9. 일산호수공원 전경.

③ **의정부미술도서관**은 RM이 기증한 미술 도서를 보기 위해서라도 한 번쯤 가봐야 할 곳이다. 미술과 책 둘 다 좋아하는 RM이 이곳에서 얼마나 감탄했을지 상상된다. RM의 남다른 고양 사랑은 노래 'Ma City'의 가사와 여러 인터뷰를 통해 널리 알려지고 있다. ④ **일산호수공원**에서 호수를 바라보고 있는 RM의 모습이 SNS에 올라오기도 했으며, 공원에서 걸어서 10분 거리에 있는 복합 쇼핑몰 라페스타와 웨스턴돔은 'Ma City' 가사에 등장하기도 했다. ⑤ **고양관광정보센터** 벽면에는 RM이 그려져 있다. 가로 18m, 세로 12m의 대형 벽화다. RM이 마이크를 쥔 모습과 그림 속 보조개는 실제 RM을 떠올릴 수 있을 만큼 생생하게 표현돼 있다.

세트로 주문하면 음료와 수프가 함께 나와요.

다람쥐누룽지백숙

맛집이 모여 있는 애니골의 터줏대감. 고소한 누룽지와 부드러운 살코기가 죽죽 찢어지는 토종닭을 한 번에 즐길 수 있는 누룽지백숙을 전문으로 한다.

📍 경기도 고양시 일산동구 애니골길43번길 48
📞 031-907-3601

먹고 남은 누룽지죽은 셀프로 포장해 가져갈 수 있어요!

RM's PICK

10. 라이크라이크의 대표 메뉴 브런치 플레이트.
11. 정국의 사인이 한쪽 벽에 붙어 있다.

라이크라이크

고양 시민 사이에서는 이미 유명한 브런치 카페. 10년 넘게 같은 자리에 있는 이곳은 고양시 내에도 본점, 주엽점, 화정점 3개 매장이 있다. 대표 메뉴 에그베네딕트 세트는 달콤한 달걀과 새콤한 샐러드드레싱이 어우러져 입맛을 돋운다.

📍 경기도 고양시 일산동구 무궁화로8-19 삼라마이다스빌
📞 031-907-3885
📷 @ilsanlikelike

RM이 앉았던 자리는 에어컨 있는 방향에서 세 번째 테이블 소파랍니다!

12. 가게에서 직접 쑤어 만든 도토리묵사발.
13. 벽에 붙어 있는 RM의 사인.

원조연탄갈비

애니골 중심에 자리한 숯불갈비 식당. 2022년까지 연탄을 사용했지만, 현재는 숯불로 고기를 굽는다. 소박하지만 정갈한 상차림과 변함없는 맛으로 동네 주민에게 인기가 많다.

📍 경기도 고양시 일산동구 애니골길 42
📞 0507-1405-7630

14. 뷔가 반려견 연탄이의 인증 샷을 남긴 원조연탄갈비 외관.
15. 숯불에 굽는 돼지양념갈비.

6 브런치 카페 라이크라이크 본점에는 BTS 정국의 사인이 걸려 있다. 요리하는 것을 좋아하는 정국은 JTBC 리얼리티 프로그램 〈인더숲: BTS〉 편에서 멤버들을 위해 직접 프렌치토스트를 만들어주기도 했다. 팬들은 사인 앞에서 포토 카드나 정국의 굿즈를 들고 인증 샷을 남기기도 한다. RM이 다녀간 **7** 다람쥐누룽지백숙. 2층 카페로 올라가는 계단에는 수많은 연예인의 사인이 붙어 있다. 특히 RM의 사인 옆에는 노란 색지로 '2016. 02. 11 방탄소년단 리더 RM 방문'이라는 종이를 붙여두어 그의 사인을 단번에 알아볼 수 있다. **8** 원조연탄갈비는 뷔가 반려견 '연탄이'와 이름이 같은 식당 간판 앞에서 찍은 사진을 공개해 화제가 된 곳이다.

TRAVEL ROAD ③

GYEONGGI SOUTHERN

BTS로 꽉 채운 드라이브 코스

INTRODUCTION

훌쩍 떠나고 싶을 때 생각나는 푸른 숲. 경기도 양평과 용인으로 달려보자! 서울 근교의 드라이브 코스로 완벽한 경기도 남부 도시 중 BTS의 이야기가 담긴 장소를 모았다.

SPECIAL POINT

금강산도 식후경. '유리네벌교꼬막정식'에서 뷔가 좋아하는 꼬막비빔밥을 먹고 '문호리나루터'로 걸어가 산책을 해보자. 정자에서 뷔가 들었던 노래도 꼭 같이 들어볼 것!

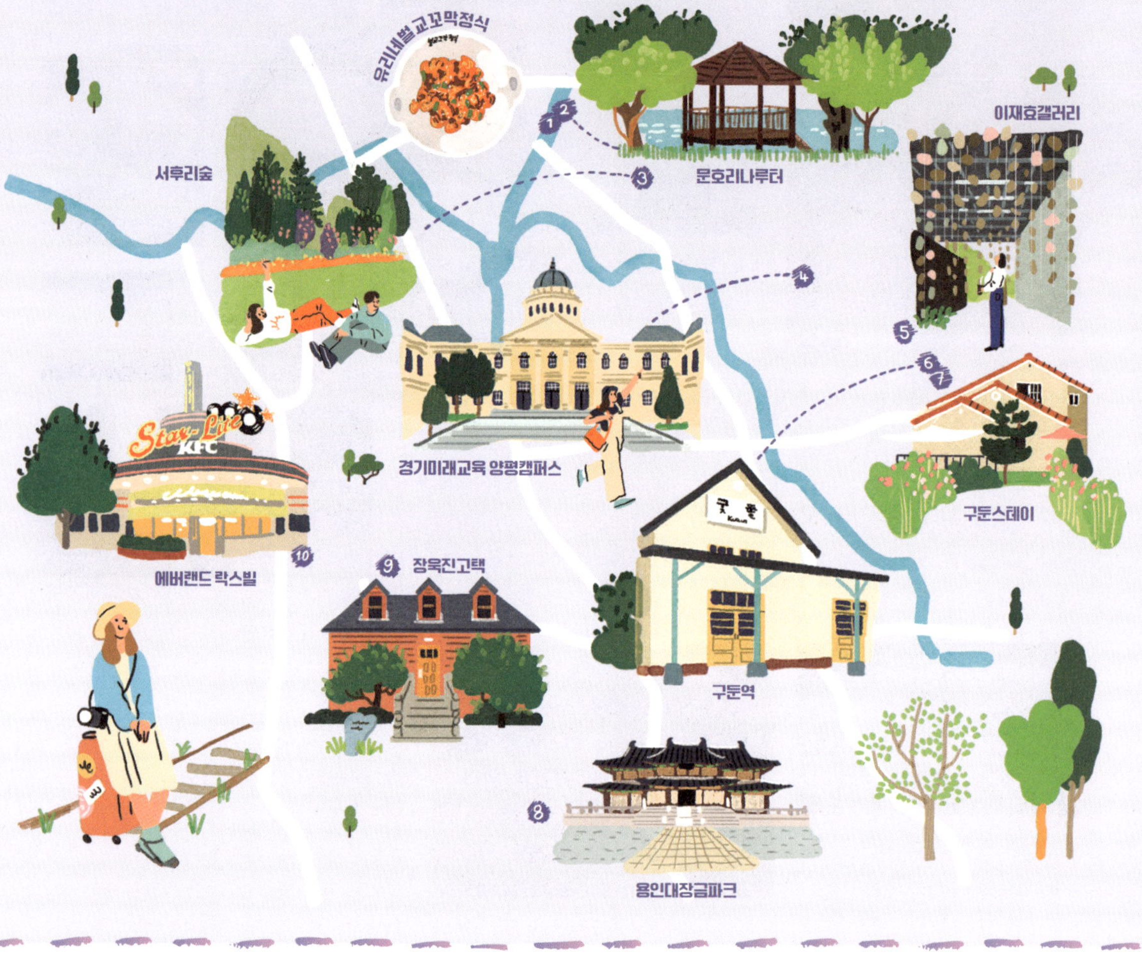

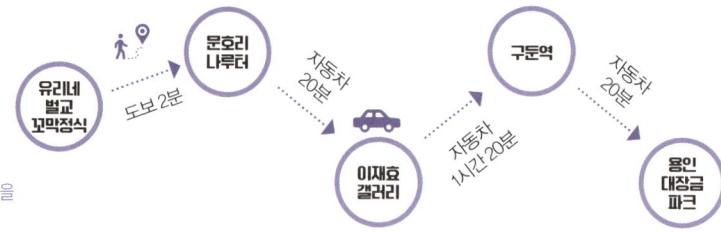

유리네벌교꼬막정식
1
2
3
문호리나루터
이재효갤러리
서후리숲
4
5
6
7
Star-Lite
KFC
경기미래교육 양평캠퍼스
구둔스테이
에버랜드 락스빌
10
9 장욱진고택
구둔역
8
용인대장금파크

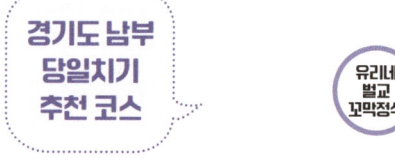

경기도 남부 당일치기 추천 코스

이동 시간이 1시간 넘게 걸릴 수도 있으니 자가용을 이용한다면 플레이리스트를 꼭 채워놓을 것.

유리네 벌교 꼬막정식
도보 2분
문호리 나루터
자동차 20분
이재효 갤러리
자동차 1시간 20분
구둔역
자동차 20분
용인 대장금 파크

뷔's PICK

방문 전 전화나 인스타그램 메시지로 '뷔 자리'를 예약하고 가세요! 영어 응대도 가능!

유리네벌교꼬막정식

양평에서 맛보는 벌교 꼬막. 뷔는 이곳에서 달콤하면서 짭짤한 양조간장으로 무친 꼬막과 함께 밥 한 공기를 뚝딱 비워냈다. 깨끗하게 해감한 꼬막은 씹을수록 고소하다.

📍 경기도 양평군 서종면 하문호나룻터길 14-1
📞 031-771-5839
📷 @yurine_ggomak

1. 사장님이 마련해둔 아미의 공간. 아미라면 뷔의 굿즈를 두고 올 수 있다.
2. 간장꼬막정식. 밑반찬은 리필이 가능하다.

BTS 액자가 스팟별로 놓여있어요!

〈2019 시즌 그리팅〉 촬영지

뷔's 플레이리스트 in 문호리나루터
♪ Daniel Caesar – Please Do Not Lean (Feat. BADBADNOTGOOD)
♪ The Weeknd – Out of Time
♪ Adele – Easy On Me
♪ Ed Sheeran – Bad Habits

4. 서후리숲의 잔디밭. 2023년 한국관광공사 홍보 영상에서 서후리숲 잔디밭이 등장했다.

문호리나루터

1950년대까지 나룻배의 정착지였던 문호리나루터. 현재는 표지석이 나룻배를 대신한다. 뷔는 표지석 옆의 정자에서 북한강의 물결이 흐르는 모습을 바라보았다.

📍 경기도 양평군 서종면 문호리 752-2

3. 문호리나루터 전경. 앞뒤로 북한강과 산책로가 푸르다.

서후리숲

아미들의 심장을 두근거리게 만드는 시즌 그리팅. 〈2019 시즌 그리팅〉은 이곳에서 촬영됐다. 비탈길이 있어 방문 시에는 꼭 편한 신발을 신는 것이 좋다.

📍 경기도 양평군 서종면 거북바위1길 200
📞 031-774-2387
🌐 www.seohuri.com

신나는 드라이브, 경치 좋은 경기도 남부

2022년 7월, BTS 유튜브 채널 'BANGTANTV'에는 멤버별 브이로그 콘텐츠가 올라왔다. 뷔의 콘텐츠는 드라이브 브이로그였다. 그가 운전해서 찾은 곳은 양평으로, 이 콘텐츠는 업로드 후 한 달 만에 무려 2000만 회가 넘는 조회 수를 기록했다. 양평으로 목적지를 정한 뷔가 가장 먼저 도착한 곳은 ① 유리네벌교꼬막정식이다. 식사를 마친 뷔는 걸어서 ② 문호리나루터로 향했다. 유리네벌교꼬막정식에서 약 137m, 걸어서 2분 거리에 있다. 그는 나루터 정자에 누워서 강바람을 맞으며 노래를 흥얼거렸다. ③ 서후리숲에서는 '소확행'을 콘셉트로 〈2019 시즌 그리팅〉 화보를 찍었다. 숲길 곳곳에 화보가 담긴 액자가 이젤 위에 놓여 있다. 화보를 보고 BTS 멤버들의 포즈를 따라 인증 샷을 남길 수 있다.

경기미래교육 양평캠퍼스

언뜻 보면 해외 같지만, 미국 버지니아주 스타일로 조성한 교육기관이다. 10만826m²(약 3만500평)의 대규모 리조트형 캠퍼스로 일일 체험, 숙박, 입소 교육이 가능하다.

📍 경기도 양평군 용문면 연수로 209
📞 031-770-1500
🌐 www.gill.or.kr

B10동 앞에 있는 시계탑을 찾아가세요!

'호르몬 전쟁' 뮤직비디오 촬영지

여름 시즌에만 개방하니 일정 확인은 필수!

주차장 앞 관리사무소에서 일일출입카드를 받을 수 있어요.

5. B10동 앞 잔디밭에서 멤버들은 군무를 췄다. '호르몬 전쟁' 후렴구에 나오는 장소다.
6. 수영장은 별도로 이용할 수 있다. 성인 입장료는 5250원으로 저렴한 편이다. 탈의실과 샤워실도 있다.
7. 학생과 학부모가 숙박할 수 있는 기숙사. 일반인은 단체 대관 시 이용할 수 있다.

이재효갤러리

RM's PICK

이재효 작가의 작품 세계를 엿볼 수 있는 갤러리. 직원의 말에 따르면 RM은 팬들 사이에서 전시회 메이트로 알려진 친구와 방문했다고 한다.

📍 경기도 양평군 지평면 초천길 83-22
📞 031-772-1402
📷 @leejaehyo_gallery

8. 3층의 카페 공간. 선 관람 후 음료 제공을 원칙으로 한다. 작품 관람 후 3층에 올라 운치를 즐길 수도 있다.

음료 한 잔 값이 포함된 입장료.

구둔역(폐역)

1940년 개통해 2012년 폐쇄된 간이역인 구둔역. 아직 옛 흔적을 그대로 간직하고 있다. 이곳에서 촬영한 <2021 시즌 그리팅> 화보에는 구둔역 간판이 '아미역'으로 편집됐다.

📍 경기도 양평군 지평면 일신리 1336-9
📞 031-771-2101

9. 구둔역사 앞.

구둔스테이

구둔역에서 도보로 2분 거리, 기찻길을 지나면 왼편에 독채형 펜션 '구둔스테이'가 있다. 주변 민가와 떨어져 있어 투숙객들은 프라이빗한 시간을 보낼 수 있다.

📍 경기도 양평군 지평면 구둔길 16
📞 0507-1322-9215
📷 @kudunstay

'호르몬 전쟁' 뮤직비디오의 배경은 ④ **경기미래교육 양평캠퍼스**다. 노래 후렴구에 맞춰 멤버들이 춤을 춘 장소는 B10동 몬티첼로 글로벌 리더십 센터 앞이다. 양평군 서돌산 주변에 위치한 ⑤ **이재효갤러리**는 외진 곳에 있지만, 아미들 사이에서는 RM이 커피를 들고 촬영한 장소로 유명하다. RM이 촬영한 스폿은 2층 카페 출입구 앞, 돌을 커튼처럼 매단 곳이다. 지금은 폐역이 된 ⑥ **구둔역**은 <2021 시즌 그리팅> 화보를 촬영한 곳이다. 승강장과 철로 등 예전 그대로의 모습을 간직하고 있다. 구둔역 기찻길을 건너면 빨간 지붕의 독채형 펜션 ⑦ **구둔스테이**가 보인다. 당시 <2021 시즌 그리팅>을 촬영하던 BTS 멤버들은 이곳에서 잠시 휴식을 취했고, 진은 구둔스테이 안에서 셀카를 찍었다.

용인대장금파크
국내 최대 규모의 사극 제작 단지. 슈가는 이곳 연무장에서 올드카를 타고 '흑디(흑발의 어거스트 디)'가 등장하는 장면을 촬영했다.

📍 경기도 용인시 처인구 백암면 용천드라마길 25
📞 02-789-1675
🌐 djgpark.imbc.com

에버랜드 락스빌
국내 최대 규모의 테마파크 에버랜드 안의 가상 도시다. 락스빌 안 KFC에는 아미를 위한 다이너마이트 존이 마련돼 있다.

📍 경기도 용인시 처인구 포곡읍 에버랜드로 199
📞 031-320-5000
🌐 www.everland.com

10. 흑디가 묶여 있던 감옥. 원형의 건물이 웅장함을 더한다.
11. 저잣거리. 취재 당시 드라마 촬영이 있어 출입하지 못했다. 촬영 일정은 당일에 변경될 수 있으니 출발 전 반드시 확인해야 한다.

기념품 숍에서는 슈가의 '대취타' 뮤직비디오에 등장한 청옥 노리개를 판매해요. 가격은 2만 7500원.

14. KFC 앞. 이전에는 뮤직비디오에 등장한 파란색 자동차가 있었는데 철거됐다.
15. 멤버 모두가 군무를 추던 갈랫길과 스카이웨이 앞.

장욱진고택
빨간 주택들 사이에 고즈넉이 서 있는 장욱진 화백의 고택. 초가집으로 지어진 한옥과 화백이 직접 건축한 양옥은 2008년 근대문화유산 국가등록문화재로 지정됐다.

📍 경기도 용인시 기흥구 마북로 119-8
📞 031-283-1911
🌐 www.ucchinchang.org

12. RM이 인증 샷을 남긴 양옥 앞. 양옥은 상시 개방하지 않고 주요 전시가 있을 때 일시적으로 개방한다. 2023년에는 9월 12일부터 3개월간 오픈한다.
13. 한옥 바깥채와 안채. 장욱진고택은 한옥 두 채와 양옥 한 채, 별채(집운헌)로 구성돼 있다.

바깥채 전시실. 신발을 벗고 관람해야 해요.

슈가가 '어거스트 디(Agust D)'라는 활동명으로 발표한 솔로 앨범 〈D-2〉의 타이틀곡 '대취타' 뮤직비디오는 ⑧ **용인대장금파크**에서 촬영했다. 뮤직비디오의 배경이 된 장소는 저잣거리, 인정전, 연무장, 전옥서다. ⑨ **장욱진고택**은 RM이 사랑하는 근현대 화백들 중 하나인 장욱진이 1986년부터 타계할 때까지 살던 곳이다. 한옥과 양옥으로 구성된 이곳은 2022년 용인문화재단 창립 10주년 특별전 때 양옥을 개방했는데, 이때 RM이 방문해 인증 샷을 찍어 SNS에 올렸다. 양옥은 상시 개방하지 않지만, 전시실로 사용하는 한옥 바깥채는 언제든 관람할 수 있다. ⑩ **에버랜드 락스빌**은 에버랜드 내 테마 존의 한 구역으로, 이곳에서 BTS의 'Dynamite' 미국 방송용 라이브 무대를 사전 촬영했다.

TRAVEL ROAD ④
GANGWON

보고 싶고, 먹고 싶어!

INTRODUCTION
여름, 피서, 휴양하면 강원도. 똑같은 이름의 동해바다라도 강릉, 고성, 삼척 등 저마다 매력이 다르다. 여기에 호반의 도시 춘천까지. BTS 멤버들이 첫눈에 반한 강원도의 절경을 만나보자.

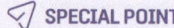**SPECIAL POINT**
파란 바다를 눈에 담으며 먹는 음식이야말로 꿀맛! 뷔의 흔적을 따라왔지만, 사장님의 손맛과 친절에 반한다는 맛집이 궁금하다면 '송지호막국수' 체크, 체크!

강원도 당일치기 추천 코스
삼척 맹방해수욕장 찍고 강릉 & 고성으로 Go! Go!

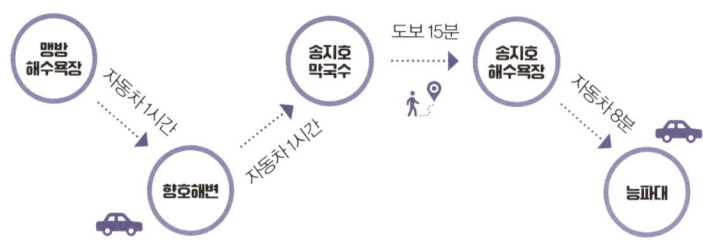

BTS 버스 정류장

1 향호해변

강릉 최북단에 자리한 주문진해수욕장과 향호해변은 서로 연결되어 있다. 푸른 하늘과 바다 사이 황금빛 해변을 걸어 나가면 버스가 서지 않는 버스 정류장을 발견할 수 있다.

📍 강원도 강릉시 주문진읍 향호리

주문진해수욕장 공영 주차장 앞에 BTS 버스 정류장을 알리는 이정표가 있어요.

내가 바로 삼각대. 버스 정류장 앞에 마련된 포토 존에 카메라를 세워두고 인증 샷을 남겨보세요.

2 능파대

쉼 없이 밀려온 파도가 기암괴석을 때리고, 하얀 포말을 일으키며 부서진다. 그 모습이 마치 미인의 걸음걸이처럼 아름다워 '능파(凌波)'라 한다. BTS가 데뷔 때부터 지금까지 걸어온 모습과도 닮았다.

📍 강원도 고성군 죽왕면 괘진길 65
📞 033-249-3881

풍화작용으로 암벽(석)에 파인 구멍을 '타포니(Tafoni)'라고 해요.

뷔's PICK

3 송지호막국수

동료이자 친구로 막역한 사이를 자랑하는 뷔와 배우 박서준, 가수 픽보이가 방송 촬영차 '송지호막국수'를 다녀갔다. 그후 먼 나라에서도 찾는 핫 플레이스로 거듭났으니 식도락 여행지로도 추천!

📍 강원도 고성군 죽왕면 동해대로 5866
📞 033-631-0034
📷 @jjihyomum

뷔가 촬영 때 앉은 자리는 팬들을 위해 가급적 비워둔대요. 사장님과 팬들이 직접 만들고 남긴 흔적과 소품을 보는 재미도 쏠쏠해요.

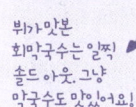

잘 먹는 모습만 봐도 흐뭇해. 매 12시가 사서 정국이 맛있게 먹은 '샌드스케치'의 치아바타 샌드위치.

정국's PICK

4 송지호해수욕장

4km에 이르는 백사장이 끝없이 펼쳐지는 고성의 대표적 휴양지. 정국이 캠핑 브이로그 중 남긴 'BTS♡ARMY Forever'를 기억한다면 당신은 러블리 아미가 틀림없다.

📍 강원도 고성군 죽왕면
📞 033-680-3356
🌐 www.songjihobeach.co.kr

정국의 캠핑 브이로그에 심심찮게 등장하는 바위섬의 이름은 죽도.

1. 샌드스케치 통창 너머로 보이는 송지호해수욕장.
2. 정국의 흔적을 추억하며 모래사장에 글자를 남겨보자.

푸른 동해 완벽 휴양

완벽하게 파란 바다를 배경으로 자리한 버스 정류장에 7명의 청춘이 환히 웃고 있다. 2017년 2월 13일 발매된 〈YOU NEVER WALK ALONE〉앨범 커버를 장식한 **1 향호해변**의 버스 정류장은 아미들의 발길이 이어지며 원래 모습 그대로 복원되었다. 향호해변에서 차로 50여 분 거리의 고성 **2 능파대**. 거대한 타포니 군락인 능파대에서 촬영한 BTS의 〈2021 윈터 패키지〉는 신비롭고 중후한 멋을 자아낸다. 2022년 방송된 JTBC 예능 프로그램 〈인더숲: 우정 여행〉 편에서 뷔와 배우 박서준이 들른 **3 송지호막국수**는 해외 아미들이 단체로 찾아올 만큼 명소가 되었다. 800m 거리의 **4 송지호해수욕장**은 정국이 캠핑 브이로그를 촬영한 곳이다. 넘실대는 파도에 그의 웃음소리가 메아리치는 것만 같다.

75

3. 막장으로 양념한 닭갈비와 즉석에서 뽑은 막국수.
4. 한쪽 벽에 붙어있는 BTS 사인과 사진.

춘천왕닭갈비숯불철판

춘천에는 유명한 닭갈비집이 많지만, 그중에서도 맛집으로 소문난 50년 전통 철판닭갈비 전문점. 벽에는 멤버들의 신인 시절 사진이 걸려 있다. 닭갈비를 고추장이 아닌 막장으로 양념해 짜지도, 맵지도 않다.

📍 강원도 춘천시 충혼길5번길 2
📞 033-244-1577

남춘천역 3번 출구 육교 건너편에서 왼쪽 두 번째집이다.

어스17

RM도 이곳 잔디밭에 놓인 빈백에 앉아 풍경을 보며 생각에 잠겼을까. 소양강 경치와 함께 즐기는 커피와 대형 스피커에서 흘러나오는 음악은 잠시 흐르는 시간을 잊게 만든다.

📍 강원도 춘천시 신북읍 천전리 34-5
📞 033-244-7877

5. 야외 잔디밭에 놓인 빈백들.
6. 2층의 음악 감상실.
7. 카페 1층에 있는 이재효 작가의 작품.

RM이 앉았을 것으로 추정되는 자리! RM은 검은색 빈백에 앉았어요.

정국이 묵었던 침실에서 촬영한 아미하은의 인증샷!

제이드가든

'숲속에서 만나는 작은 유럽'을 콘셉트로 한 수목원. 24개의 테마로 조성한 이곳은 경사가 가파르니 편한 신발을 신는 것은 필수! 여름에는 벌레가 많아 해충이 꼬일 수 있으니 향수는 절대 금물이다.

📍 강원도 춘천시 남산면 햇골길 80
📞 033-260-8300

샛길로 새지 않고 걷다 보면 양쪽으로 갈라지는 길이 나와요. 이때 왼쪽 자갈길이 이끼 숲으로 가는 길!

8. RM이 인증 샷을 남긴 이끼 숲. '#RM정원 이러고삽니다'라는 푯말이 세워져 있다.
9. 왼쪽이 이끼 숲으로 가는 길.

레이크192

BTS 전 멤버가 숙소를 제외하고 가장 오랜 시간 머문 곳이라는 펜션. 2009년 대한민국건축대상을 수상했다. 잔디가 깔린 넓은 마당과 수상 가옥 별채 등 2층 규모의 숙소가 자리하고 있다.

📍 강원도 춘천시 사북면 가일길 555
📞 0507-1310-4767
📷 @lake192

10. 레이크192와 야외 벤치.
11. 강가를 따라 나무 덱이 설치돼 있다.

⑤ **춘천왕닭갈비숯불철판**은 BTS가 데뷔 연도인 2013년에 찾은 식당이다. 출입구 옆에 붙어 있는 당시의 사진은 풋풋했던 추억을 떠올리게 한다. 2018년 여름에는 RM이 트위터에 ⑥ **어스17** 야외 공간에서 사진을 찍어 올려 근황을 전했다. 카페 1층에는 RM이 인스타그램에 사진을 올릴 정도로 좋아하는 작가인 이재효 조각가의 작품도 전시돼 있다. RM은 또한 ⑦ **제이드가든**의 이끼 숲에서 찍은 사진을 '#이러고삽니다'라는 해시태그와 함께 업로드했다. ⑧ **레이크192**는 아이돌 리얼리티 프로그램 〈인더숲: BTS〉 편의 배경이 된 펜션이다. 멤버들은 이곳에서 일주일가량 지냈다. 숙소 곳곳은 정국이 취침 장소로 선택한 수상 가옥 등 멤버들의 스토리로 가득 채워져 있다.

맹방해수욕장

강원도에서도 삼척은 물빛이 맑고 깨끗하기로 유명하다. 삼척 앞바다의 진수를 느낄 수 있는 곳이 바로 맹방해수욕장. 800m에 이르는 백사장과 어우러져 아름다운 풍경을 완성한다. 수심이 1~1.5m로 얕아 해수욕을 즐기기도 좋다.

📍 강원도 삼척시 근덕면 맹방해변로 일원
📞 033-570-3074

12, 13. 일곱 멤버들이 누워 포즈를 취했던 비치 의자를 재현해놓았어요.

'방탄해변'이라는 별명이 붙을 만하죠?

나무 덱을 따라 걷다 보면 놀라운 풍경이!

덕봉산해안생태탐방로

맹방해수욕장에서 10분만 걸어가면 만날 수 있는 아트막한 산이다. 나무 덱을 따라 걷다 보면 환상적인 바다 풍경을 만날 수 있다. 1960년대에 무장 공비 침투 사건이 발생한 이래 출입 금지 구역으로 지정되었다가 2021년 반세기 만에 공개된 장소라서 더욱 특별하다.

📍 강원도 삼척시 근덕면 교가리 산136

삼척항 대게거리

'방탄 투어'도 식후경! 바닷가에 왔는데 해산물을 빼놓을 수는 없는 일. 동해 바다에서 잡는 대게와 러시아산 킹크랩을 저렴하게 판매한다. 게를 좋아하지만 평소 높은 가격 때문에 부담스러웠다면 삼척에서 싱싱한 게를 마음껏 즐겨보자.

📍 강원도 삼척시 삼척항길 196 일대

진이 언급한 커다란 대게!

14. 여러 횟집이 모여 있는 삼척항대게거리.

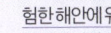

초곡용굴촛대바위

험한 해안에 위치해 과거엔 어부들이 고기를 잡으러 바다에 나갈 때만 볼 수 있었던 용굴, 촛대바위, 거북바위 등 기암괴석을 이젠 편하게 둘러볼 수 있다. 초곡용굴촛대바위길은 680m 길이의 산책로와 출렁다리로 이뤄졌다. 용이 승천한 자리라는 전설이 전해지는 용굴과 거북바위는 소원을 들어준다고 하니 간절한 소망을 안고 이곳을 찾아보자.

📍 강원도 삼척시 근덕면 초곡길 236-4

아미라면 도착하자마자 "아!" 하는 감탄사가 나올 수밖에 없는 ⑨ **맹방해수욕장**. 〈Butter〉의 앨범 재킷 사진 속 파라솔, 비치 발리볼 네트 등 소품을 그대로 재현한 포토 존이 설치돼 있어 그때의 감동을 그대로 느낄 수 있다. ⑩ **덕봉산해안생태탐방로**에서는 맹방해수욕장을 한눈에 내려다볼 수 있다. "바다가 쫙 펼쳐져 있고, 물고기가 막 펄떡펄떡 뛰어올라요. 킹크랩도 이만한 게 있는데 진짜 맛있더라!" 한때 '잇진(Eat진)'이라는 별명이 붙었을 정도로 자타 공인 미식가 진을 매혹시킨 ⑪ **삼척항 대게거리**. "저쪽 가면 예쁜 촛대바위가 있거든요." 유튜브에 공개된 'BTS Episode'에서 삼척에 대한 애정을 듬뿍 드러냈던 슈가. 그가 말한 '예쁜 촛대바위'가 바로 ⑫ **초곡용굴촛대바위**다.

TRAVEL ROAD ⑤
DAEGU

슈가와 뷔의 추억 깃든
대구 버스 여행

INTRODUCTION
대구는 슈가와 뷔의 고향이다. 슈가의 학창 시절 추억이 담긴 대구 724번 버스부터 뷔가 SNS에 업로드한 사진의 배경인 달성공원까지 대구 도심곳곳에는 BTS의 흔적이 가득하다.

SPECIAL POINT
대부분의 BTS 성지가 대구 중심지에 몰려 있어 인근 핫플레이스를 함께 둘러보기 좋다. 대구 대표 시장인 서문시장과 영원한 번화가 동성로를 빼놓지 말 것!

대구 724번 버스 · 경상감영공원 · 달성공원 · 부산왕떡볶이 · 서문시장 · 뷔 벽화거리 · 명덕역 롤베기거리 · 대구미술관

대구 당일치기 추천코스

대구는 대중교통이 발달해 당일치기 여행이 충분히 가능하다.

달성공원 → 도보 10분 → 뷔 벽화거리 → 도보 6분 → 서문시장 → 버스 20분 → 경상감영공원 → 도보 10분 → 부산왕떡볶이 → 버스 20분 → 명덕역 롤베기거리 → 택시 25분 → 대구미술관

1 대구 724번 버스

슈가의 믹스테이프 노래 중 '치리사일사팔(724148)'이란 곡에 등장한 대구 724번버스. 북구 읍내동에서 출발해 슈가의 고향인 북구 태전동을 거쳐 수성구 신매동까지 운행한다. 달성공원, 서문시장, 동성로 등 대구 명소를 가로지르는 주요 노선이다.

ⓘ 대구시 북구 읍내동(칠곡우방타운) ~
대구시 수성구 신매동(시지 종점)

1, 2. 데뷔 후 달성공원을 찾은 뷔는 동물원 앞에서도 셀카를 남겼다.

2 달성공원

대구 시민이라면 살면서 최소 한번은 이곳에 들렀을 만큼 오래되고 친근한 공원이다. 산책하기 좋은 오솔길과 사슴·토끼·코끼리 등이 머무르는 아담한 동물원을 갖췄다.

ⓘ 대구시 중구 달성공원로 35
☎ 053-803-7350

뷔가 사진을 남긴 향나무가 여전히 달성공원을 지키고 있어요. 정문을 등지고 왼쪽길을 따라가면 향나무 등장!

3. BTS 인형과 인증 샷.
4. '보라해'가 각국 언어로 쓰여 있다.

3 뷔 벽화거리

뷔가 다닌 대성초등학교에 조성된 높이 2m, 길이 60m 규모의 대형 파노라마 벽화거리. 페인팅이 아닌 타일 방식으로 제작돼 남다른 퀄리티를 자랑한다.

ⓘ 대구시 서구 비산동 166-4

달성공원에서 뷔 벽화거리까지 도보로 이동한다면 달성공원로5길을 따라가보세요. 골목 곳곳에서 아기자기하게 꾸며진 뷔의 사진을 발견할 수 있어요.

버스 타고 대구 도심 완전 정복

슈가의 믹스테이프 노래 중 '치리사일사팔(724148)'은 ❶ 대구 724번 버스와 서울에서 자주 탑승한 148번 버스 번호를 합친 제목이다. 대구의 BTS 명소 대부분은 이 버스를 타고 이동할 수 있어 '슈가 버스'로 불리기도 한다. 버스를 타고 뷔의 고향인 대구 서구 비산동 인근의 ❷ 달성공원으로 향한다. 뷔는 어린 시절 달성공원 향나무 옆에서 찍은 사진과 2015년 같은 장소에서 찍은 사진을 SNS에 공개했다. 세월이 흘러도 변함없는 향나무 앞에서 인증 샷을 남겨보자. 달성공원에서 도보로 10분 남짓이면 ❸ 뷔 벽화거리에 닿는다. 상단부에는 BTS와 아미의 사랑과 믿음을 뜻하는 표현인 '보라해(사랑해)'가 각국 언어로 새겨졌고, 하단부에는 뷔가 좋아하는 화가 반 고흐의 '별이 빛나는 밤'을 모티브로 한 작품이 조성됐다.

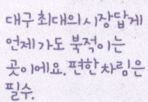

서문시장

대구의 역사를 간직한 대표 시장으로, 조선 시대 전국 3대 장터 중 한 곳으로 꼽혔다. 납작만두·순대 등 대구 대표 먹거리와 의류·주단·포목 등 다채로운 품목을 취급한다.

📍 대구시 중구 달성로 50
📞 053-256-6341

5. 귀여운 포토 존은 덤.
6. 경상도 지방에서만 맛볼 수 있는 씨앗호떡.
7. 슈가의 소울 푸드인 납작만두를 판매하는 분식집.

경상감영공원

조선 선조 34년(1601년)까지 경상감영이 있던 자리가 푸른 녹지로 탈바꿈했다. 선화당·징청각·선정비 등 문화유산과 어우러진 아늑한 산책로와 시원한 분수가 힐링을 선사한다.

📍 대구시 중구 경상감영길 99
📞 053-254-9404

부산왕떡볶이

흔히 '부산왕떡볶이'로 불리지만 정식 명칭은 부산떡볶이 대현프리몰대구점이다. 채썬 양배추가 올라간 달달한 떡볶이와 납작만두의 환상 조합을 놓치지 말 것.

📍 대구시 중구 국채보상로 580 대현프리몰대구 N1
📞 053-256-5482

9. 아미라면 캐릭터 굿즈와 '예절 샷'은 필수.
10. 왼쪽 위부터 납작만두, 채썬 양배추가 올라간 쌀떡볶이, 순대.

대구 여행에서 빼놓을 수 없는 ❹ **서문시장**. 슈가가 소울 푸드로 꼽은 납작만두를 비롯해 경상도 지역 별미 씨앗호떡 등 먹거리가 가득하다. 슈가는 자신의 자체 콘텐츠 '슈취타'('슈가와 취하는 타임'의 줄임말)에서 대구 출신 배우 이성민과 힘들었던 시절을 회상하며 ❺ **경상감영공원**을 언급했다. 당시 금전적으로 여유가 없던 그는 어르신들이 자주 찾는 공원 인근의 저렴한 밥집에서 끼니를 때우곤 했는데, 앳된 외모의 슈가를 유독 예뻐한 사장님이 서비스로 면을 무한 리필해주셨다고. ❻ **부산왕떡볶이**는 '떡볶이 덕후' 슈가가 학창 시절 자주 찾은 곳이다. 팬들 사이에서 알음알음 알려진 곳이다. 쫀득한 쌀떡볶이와 아삭한 생양배추의 조화가 매력적이다.

11, 13. 슈가 팬클럽이 직접 조성한 슈가 벽화거리.
12. BTS 노래 'Yet to Come' 가사가 적힌 슈가 벽화.

슈가 벽화를 쉽게 찾고 싶다면?
S-OIL 도원셀프주유소나
'물베기한정식'을 찾아가세요.

명덕역 물베기거리

'물이 한곳에 모여드는 곳'이란 뜻의 물베기거리는 대구 문화·예술의 중심지다. 과거 슈가의 음악 작업실이 있던 이곳에 슈가 벽화거리가 생겼다.

ⓐ 대구시 남구 명덕로 154 일대

대구미술관

RM이 다녀간 대구미술관은 이건희 컬렉션 한국근현대미술 특별전 〈웰컴 홈: 개화(開花)〉, 알렉산더 콜더·마르크 샤갈·호안 미로 등 거장의 작품을 선보인 〈모던 라이프〉 등 굵직한 전시가 열린 곳이다.

ⓐ 대구시 수성구 미술관로 40
☎ 053-803-7900
🌐 www.daeguartmuseum.or.kr

RM처럼 뒷모습 인증샷을 찍어보세요!

14. 2023 소장품 기획전 〈회화 아닌(Not Paintings)〉을 감상하고 있는 관람객.

BTS의 노래 'INTRO: Never Mind' 속 배경이 되는 곳이 대구 남구 남산동 일대의 ⑦ **명덕역 물베기거리**다. 명덕역 1호선 1번 출구, 3호선 3·4번 출구에서 가깝다. 슈가가 가수의 꿈을 키우며 거닐던 거리를 똑같이 따라 걸으며 숨은그림찾기를 하듯 벽화를 탐색하는 재미가 쏠쏠하다. 미술 애호가로 알려진 RM이 ⑧ **대구미술관**에도 상륙했다. 2021년 7월 유영국 작가의 '산(1970's)' 시리즈를 감상하는 모습을 SNS 계정에 올렸고, 이후 미술관을 방문한 관람객들이 RM이 작품을 감상했던 위치에서 같은 포즈로 사진을 남기면서 일명 'RM 존'까지 생겼다. 현재 해당 전시는 종료했지만, 여전히 RM의 인증 샷을 오마주하는 팬들의 발길이 이어지고 있다.

TRAVEL ROAD ⑥
BUSAN

BTS 투어의 즐거움에 맛을 더하다

INTRODUCTION
지민과 정국이 태어난 부산에는 이들의 유년 시절 추억이 묻은 명소가 가득하다. 부산 대표 관광지와 단골 맛집, 라이브 방송을 진행한 장소 등을 만날 수 있다.

SPECIAL POINT
식도락 여행지로 유명한 부산. 지민이 어린 시절부터 다닌 중국집 '용문각'과 서동미로시장을 지켜온 40년 전통의 '맛나분식'은 놓쳐서는 안 될 포인트다.

- 7 석불사
- 1 회동마루
- 2 맛나분식
- 3 용문각
- 10 동래밀면 본점
- 6 만덕동 레고마을
- 4 광안리해수욕장
- 8,9 곱창쌀롤연탄구이
- 부산시민공원
- 5 감천문화마을

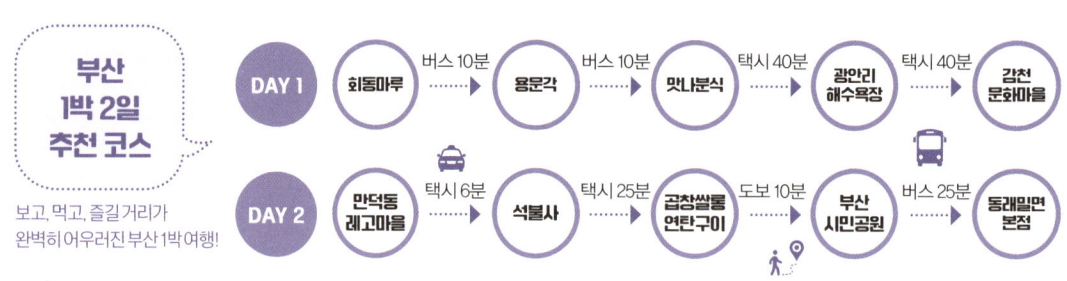

부산 1박 2일 추천 코스

보고, 먹고, 즐길 거리가 완벽히 어우러진 부산 1박 여행!

DAY 1: 회동마루 →(버스 10분)→ 용문각 →(버스 10분)→ 맛나분식 →(택시 40분)→ 광안리 해수욕장 →(택시 40분)→ 감천문화마을

DAY 2: 만덕동 레고마을 →(택시 6분)→ 석불사 →(택시 25분)→ 곱창쌀롤연탄구이 →(도보 10분)→ 부산 시민공원 →(버스 25분)→ 동래밀면 본점

체험 프로그램은 사전 예약을 해야만 이용할 수 있으니 자세한 정보는 홈페이지를 참고하세요.

1 회동마루

지민의 모교인 회동초등학교를 영양 교육 체험관으로 리모델링했다. '부산의 특산물', '쌀과 김치 이야기' 등 상설 전시를 관람할 수 있고, 영양(NU) 편의점·맛나놀이터 등 9개 체험 부스에서 교육 프로그램을 무료로 제공한다.

🏠 부산시 금정구 금사로 217
🌐 home.pen.go.kr/bnec

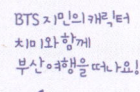

BTS 지민의 캐릭터 치미와 함께 부산여행을 떠나요!

1. 야외에는 휴식 공간과 텃밭 등이 마련돼 있다.
2. 추억의 '땅따먹기' 놀이 중인 치미.

2 용문각

지민이 어릴적부터 다니던 중국집. 금정구 회동동에서 30년 넘게 한자리를 지켜온, 현지인 추천 맛집이기도 하다. 달달하면서 살짝 매콤한 유니짜장 소스가 매력적이다.

🏠 부산시 금정구 금사로 149
📞 051-524-2374

유니짜장 두 그릇과 탕수육·만두가 포함된 '치민 세트'는 필수!

 지민's PICK

3 맛나분식

"부산-시장=0"이라는 말이 있다. 부산여행에서 시장탐방은 빼놓을 수 없는 코스다. 구불구불 미로 같은 서동미로시장 한편에 지민의 추억이 녹아있는 분식집 '맛나분식'이 자리한다.

🏠 부산시 금정구 서동시장길 42-4
📞 051-522-9757

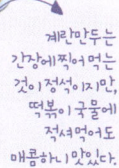

3. 용문각 내부 인테리어.
4. 지민이 앉았다 간 자리에 '예약석입니다'라는 안내 문구가 쓰여있다.
5. 지민의 사인과 '오랫동안 같은 자리에서 제 추억을 지켜주셔서 진심으로 감사드린다' 는 인사가 눈에 띈다.
6. 서동미로시장 전경.
7. 서동미로시장 안에 위치한 맛나분식 외관.

계란만두는 간장에 찍어먹는 것이 정석이지만, 떡볶이 국물에 적셔먹어도 매콤하니 맛있다.

맛집 따라 추억은 방울방울

지민이 졸업한 회동초등학교 부지를 리모델링한 ① 회동마루. 지민은 2019년 부산시교육청을 통해 성금 1억원을 기부하고, 지역 후배들에게 교복·사인 CD를 선물하는 등 남다른 부산 사랑을 드러내왔다. 이곳은 부산관광공사가 추천한 BTS 투어 코스 중 하나로, 아미가 단체로 '한국 음식 만들기' 체험을 한 바 있다. 인근에는 지민이 어릴 때부터 다니던 중국집 ② 용문각이 있다. 그가 데뷔 이후에도 들르던 '찐 단골집'으로, 지난해에도 이곳에서 식사를 하고 갔다는 사장님의 귀띔. 지민이 식사하고 간 테이블은 자리 경쟁이 치열하다. ③ 맛나분식은 지민의 학창 시절 간식을 책임진 곳이다. 계란과 불린 당면을 섞어 부쳐낸 계란만두가 유명하다. 낙서로 가득한 벽에서 지민을 향한 팬들의 메모를 찾는 재미도 있다.

광안리해수욕장

푸른 바다와 아름다운 경치가 돋보이는 부산의 대표 관광지다. 해수욕장을 가로지르는 광안대교 풍경은 밤낮 가릴 것 없이 아름답다.

📍 부산시 수영구 광안해변로 219

지민's PICK

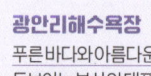

해변을 따라 들어선 카페거리에는 1000여 개의 카페가 있어요. 커피 한잔 홀짝이며 광안리해수욕장 일대의 경치를 만끽하기에 제격이죠.

8. 사진 찍기 좋은 '안녕, 광안리' 조형물.
9. 임시 이벤트로 조성한 지민 조형물 앞에서 한 컷.

지민과 정국의 얼굴이 그려진 벽화는 '강천한지마을공방솜씨'를 검색하면 찾아가기 쉬워요.

감천문화마을

가까이서 봐도, 멀리서 봐도 아름다운 감천문화마을. 사이좋게 머리를 맞댄 파스텔톤 지붕, 저마다 개성을 뽐내는 벽화거리를 배경으로 인생 샷을 남겨보자.

📍 부산시 사하구 감내2로 203
☎ 051-204-1444
🌐 www.gamcheon.or.kr

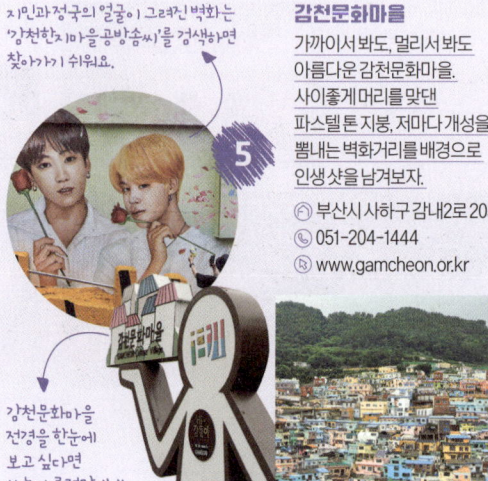

감천문화마을 전경을 한눈에 보고 싶다면 하늘마루전망대에 오를 것!

레고마을은 마을 안에서 바라보는 것보다 위에서 내려다봤을 때 훨씬 아름다워요.

만덕동 레고마을

정국의 고향인 북구 만덕동 인근 마을로, 총 54가구가 거주하고 있다. 무지갯빛 장난감 같은 단독주택의 전경이 마치 레고를 연상케 해 '레고마을'이란 이름이 붙었다.

📍 부산시 북구 상리로 70 백양중학교 옆 일대

10. 암벽에 새긴 불상.
11. 석불사 전경.

석불사 가는 길은 상당히 가파른 편이에요. 편한 옷차림과 시원한 생수는 필수랍니다.

석불사

일제강점기인 1930년에 창건된 사찰이다. 병풍처럼 늘어선 거대한 암벽에 조각을 이어 붙인 듯 조성된 16명의 나한과 29좌의 불상이 웅장한 느낌을 선사한다.

📍 부산시 북구 만덕고개길 143-79

---

④ **광안리해수욕장**은 2019년 지민이 SNS에 인증 샷을 올린 곳이자, 2022년 아미가 "보라해, 부산"을 외치며 플로깅(쓰레기 줍기) 행사를 벌인 곳이다. 부산 출신의 두 멤버, 지민·정국의 얼굴이 새겨진 벽화는 ⑤ **감천문화마을**에 있다. 벽화 앞 인증 샷을 남기려는 팬들로 북적이는 편이니 참고하자. 북구 만덕동 출신 정국의 유년 시절이 녹아 있는 동네 ⑥ **만덕동 레고마을**은 주택들의 모양이 비슷하고 알록달록한 색감을 띠고 있어 '레고마을'이라 불린다. 부산관광공사가 지정한 '정국 코스' 중 하나다. 마을 인근에는 또 다른 '정국 코스' ⑦ **석불사**가 자리해 있다. 가파른 언덕 위에 장엄한 암벽 병풍을 두른 절의 모습은 마치 한 폭의 그림을 보는 듯하다.

불 맛이 더해져 고소한
곱창·막창·갈빗살을
한번에 맛볼 수 있는 A세트.

정국's PICK

9 **부산시민공원** 뷔's PICK

뷔가찾은 부산시민공원은 총면적
47만1518m²(약 143만 평)에
달하는 대형 시민 공원이다. 97종
85만여 그루의 나무가 만들어내는
녹지는 물론, 갤러리·공연장 등
다양한 시설을 갖췄다.

뷔가 SNS에 업로드한 사진 속 배경은
하야리아잔디광장이에요. 뷔가
사진을 찍은 위치에 'BTS 방탄소년단
뷔사진 촬영장소'라고 적혀있으니
참고하세요.

📍 부산시 부산진구 시민공원로 73
☎ 051-850-6000
🌐 www.citizenpark.or.kr

뷔처럼 우산 들고
인증 샷 남기기♥

14. 부산시민공원 전경.

8 **곱창쌀롱연탄구이**

정국 아버지의 지인이 운영하는 곱창집으로, 아미에게 필수 코스로
꼽힌다. 연탄불 맛 곱창·막창·갈빗살·닭발 등이 포함된 세트 메뉴가 인기다.

📍 부산시 부산진구 동평로223번길 44
☎ 051-803-7787

정국이
앉은자리

입구 맞은편에 정국이
앉은 자리가 있어요.
일본에서 온 아미아이코의
정국 인형과 함께 인증 샷 찰칵!

12. 보라색 네온 간판으로 꾸민
정국의 사인과 포토 존.
13. BTS의 굿즈로 장식한 가게 내부.

RM이 앉은 자리는
각종 굿즈로 장식돼 있어
착석이 불가해요.
하지만 사진은 마음껏
촬영할 수 있다는 사실!

RM's PICK

동래밀면 본점

밀면과 국밥을 빼고 부산을
논할 수 없다. RM이 다녀간
'동래밀면 본점'은 현지인도
즐겨 찾는 맛집으로,
깔끔하고 담백한 맛을
자랑한다.

📍 부산시 동래구 명륜로 47
☎ 051-552-3092

15. BTS 데뷔 10주년을 축하하는 현수막이 걸린
가게 외관.
16. 물밀면(왼쪽)과 비빔밀면.

8 **곱창쌀롱연탄구이** 입구부터 보랏빛 성지의 기운이 느껴진다. 지난 2019년 정국이 방문한 뒤 아미 사이에서 필수 코스로 떠올랐다. 은은한 불 향과 적당히 매콤한 맛 덕에 곱창에 익숙하지 않은 해외 팬들도 즐길 수 있다. 뷔의 사진 한 장에 9 **부산시민공원**이 핫해졌다. 뷔처럼 인증 샷을 촬영하고 싶다면 검정 우산을 잊지 말고 챙길 것. 사진 속 배경이 된 하야리아잔디광장은 커다란 나무 조형물을 바라보며 찾아가면 된다. RM이 두 그릇을 뚝딱 비웠다는 소문이 전해지는 10 **동래밀면 본점**에서는 물밀면과 비빔밀면을 하나씩 주문하길 추천한다. 물밀면은 담백하면서도 고소한 육수가 매력적이고, 새콤달콤하면서 매콤한 양념의 비빔밀면은 텁텁하지 않은 감칠맛이 일품이다.

TRAVEL ROAD ⑦
GWANGJU

광주 베이비 홉을 따라서!

INTRODUCTION
광주광역시는 제이홉의 고향이다. 제이홉이 졸업한 국제고등학교와 춤을 배웠던 충장로의 댄스 학원, 제이홉 벽화가 있는 골목골목에 뜻밖의 즐거움이 숨어 있다.

SPECIAL POINT
광주는 대한민국에서도 도심 로컬 여행지로 손꼽히는 지역이다. '홉월드'가 있는 광주 동구의 국립아시아문화전당, 동명동 카페거리 등은 특히 젊은 층이 많이 찾는 곳이다.

국제고등학교
남도향토음식박물관
청춘발산마을
금남로4가역
조이댄스 플러그인 뮤직아카데미
홉월드
양림동 펭귄마을

광주 제이홉 투어 당일 코스

광주송정역 → 택시 30분 → 남도향토음식박물관 → 도보 2분 → 국제고등학교 → 택시 20분 → 청춘발산마을 → 택시 10분 → 조이댄스 플러그인 뮤직 아카데미 → 도보 1분 → 금남로 4가역 → 도보 10분 → 홉월드 → 도보 20분 → 양림동 펭귄마을 → 택시 40분

제이홉 벽화는 총 세 군데 있다. 북쪽부터 천천히 훑어 내려오자.

남도향토음식박물관

박물관 정문을 바라보고 왼쪽으로 돌아가면 '짠~' 하고 제이홉 벽화가 등장한다. 제이홉이 학창 시절을 보낸 광주 북구 지역에 홉 스트리트 조성을 논의 중인데, 그 길의 시작점 같은 역할을 하는 곳이다. 홉 스트리트는 제이홉이 졸업한 서일초등학교에서 일곡중학교, 국제고등학교를 잇는 길이다.

광주시 북구 설죽로 477
062-575-8883
매주 월요일 휴무

1. 타일을 붙여 만든 제이홉 벽화.
2. 박물관에서 대한민국 지역별 남도 음식 전시를 감상할 수 있다. 온라인으로 예약하면 체험 프로그램도 가능하다.

박물관 1층에 무료로 즉석 기념사진 찍는 기계가 있어요.

홉 스트리트 출발!

Tip '진싱옥' 간장게장강추! 박물관 옆 맛집으로, 맛의 도시 광주까지 왔는데 그냥 갈 수 없다. 꽃게를 조미한 간장에 담가 숙성시켜 먹는 한국 전통 음식인 간장게장은 일품이다. 간장게장에 밥 한 그릇 뚝딱. 간장게장 1인분에 2만 3000원 (2인 이상 주문 가능).

일곡중학교.
서일초등학교.

스마일 호야 시절.

3. 제이홉이 졸업한 서일초등학교와 일곡중학교.
4. 국제고등학교 정문. 제이홉 팬 인증 명당.

Tip 2023년 군 입대한 제이홉의 부대 식단이 궁금한 사람은 여기로! 인스타그램 @hobisfoodtray

국제고등학교

제이홉은 학창 시절부터 광주에서 알아주는 춤꾼이었다. 광주에서는 '스마일 호야'로 불렸다. 제이홉 아버지가 국제고등학교 문학 교사였는데, 처음에는 춤을 추겠다는 제이홉의 뜻을 반대했다고. 제이홉이 밟았을 교문 앞길에서 인증 샷은 필수.

광주시 북구 설죽로 433

스쿨보이 제이홉 스트리트

광주는 크게 북구, 동구, 서구, 남구 4개 지역으로 나뉜다. 그중에서도 광주 북구는 제이홉이 초등학교부터 고등학교까지 나온 동네다. 광주시는 제이홉이 학창 시절을 보낸 이곳에 홉 스트리트를 조성할 계획이다. 지역 청년 미술가들이 직접 제작한 벽화가 있는 ① 남도향토음식박물관을 시작으로 ② 국제고등학교를 잇는 길 곳곳에 제이홉 벽화와 조형물 등을 설치한다고. 제이홉의 고향 사랑도 남다르다. 2023년 광주 북구 지역 발전을 위한 기부는 물론, 2019년에도 모교인 국제고등학교에 후배를 위한 장학금으로 써달라며 거액을 기부하기도 했다. 박물관 정문 쪽 큰 길로 나가면 광주광역시를 도는 시티투어 버스 정류장이 나오니 관광객이라면 참고하자. 시티투어 버스 예약은 필수.

팬심 가득한 공간

1층에 제이홉 배너가 있어요

금남로4가역

광주 지하철 금남로4가역에는 팬 아트 공모전을 통해 수상한작품 전시 공간이 있다. 1회 공모전 주인공이었던 BTS작품이한가득. 그덕에아미들도 제이홉생일 축하 광고를 할때면 금남로4가역 광고판을 주로 이용한다.

📍 광주시 동구 금남로 210

5. 역사 안에 설치된 BTS 팬아트 작품들.
6. 역에서 가까운 전일빌딩245 2층에 자리한 남도관광센터. 관광객을 위한 정보 안내와 매년 2월 18일 제이홉 생일때 생일 축하 이벤트 선물을 나눠주는 곳이다.

중국, 스페인, 아랍, 이탈리아 등 전 세계 148개국 팬들이 보내준 메시지가 새겨져 있어요.

홉월드

광주 동구 K팝 스타의 거리에는 제이홉의 노래 'Hope World'의 이름을 딴 조형물과 제이홉이 앉았던 의자가 있다. 홉월드 뒤편의 '청소년삶디자인센터'는 제이홉처럼 춤과 랩을 배우는 학생들이 무대를 펼치는 장소이기도 하다.

제이홉이 앉았던 의자를 찾아라

조이댄스 플러그인 뮤직아카데미

제이홉이 춤을 배우던 학원. 초등학교 때부터 1시간 거리에 있는 이 학원을 다닐 정도로 춤에 대한 열정이 남달랐다는 제이홉. 수지, 유노윤호 등 유명 아이돌이 모두 이 학원 출신이다.

📍 광주시 동구 중앙로 185 3층

7. 1층 엘리베이터 앞에 팬이 남긴 메모.
8. 조이댄스 플러그인 뮤직아카데미는 3층이다.

광주 학생, 12명 안 가본 사람이 없다는 충장로의 유명 분식집. 제이홉도 다녀갔을까요?

제이홉이 팬들에게 보내는 메시지와 사인 동판. 어머, 소중한 것!

9. 제이홉이 앉아서 사진을 찍어 인스타그램에 올렸던 자리.
10. K팝 스타 거리 입구. 골목을 따라 홉월드 조형물과 광주 출신 스타들의 사진, 손동판, 포토존 등이 설치돼 있다.

광주에서도 젊음의 거리로 불리는 충장로 일대에는 팬 아트 공모전에 당선된 작품을 전시한 ③ **금남로 4가역** 전시장과 ⑤ **홉월드** 조형물이 있다. 제이홉은 노래에서 고향 광주를 여러 번 언급했다. 'Cypher Part 1', 'Ma City', 'Airplane', 'Chicken Noodle Soup' 등이 대표적. 'Airplane'이 수록된 제이홉의 믹스테이프 'Hope World'와 'Chicken Noodle Soup'는 각각 미국 빌보드 메인 앨범 차트 빌보드 200에 진입했으며, 영국 오피셜 싱글 차트 톱 100 순위에 오르기도 했다. 또 광주 동구에는 제이홉이 초등학교 4학년 때부터 춤을 배우러 다녔던 ④ **조이댄스 플러그인 뮤직아카데미**가 있다. 대한민국 민주화의 상징인 광주의 역사를 이야기하며 '광주 베이비'를 외치는 'Ma City' 덕분에 제이홉 팬들도 광주에 애정이 깊다.

11

양림동 펭귄마을

2020년과 2021년 중국 팬클럽이 제이홉 생일을 기념해 제작한 벽화 중 하나. 꼬불꼬불한 펭귄마을 골목길을 미로처럼 걷다 보면 갑자기 제이홉 벽화가 나온다. 하트를 그리고 있는 제이홉 벽화 앞에서 인증 샷은 필수. 앞에는 작은 그네가 놓여 있어 잠시 앉아 쉬어가도 좋다.

광주시 남구 천변좌로446번길 7

12

펭귄마을에 가면 꼭 먹어야 할 간식, 펭귄빵.

무화과와 크랜베리 쿠키가 맛있는 카페 '앙브로시아'.

6

13

펭귄마을이라는 이름은 동네어르신들의 걷는 뒷모습이 꼭 펭귄 같다고 해서 붙여졌대요.

11. 펭귄마을의 제이홉 벽화.
12. 벽화 앞에 팬들을 위한 그네 의자가 놓여 있다.
13. 양림동 펭귄마을 입구, 펭귄마을 가는 길.

14

골목이 복잡하니 이정표를 잘 따라가세요.

15

2월 18일을 기억해!

7

청춘발산마을

제이홉의 중국 팬이 2021년 조성한 벽화가 있다. 108계단을 올라가 골목을 몇 번 지나면 왼쪽에 나타난다. 취재 중 만난 제이홉 팬과 즉석 기념 촬영도! 알록달록한 108계단도 사진 찍기 좋은 장소로 꼽히며, 입구의 '청춘 빌리지' 카페나 오래된 폐가를 리모델링해 만든 공방, 디자인 사무실 등도 골목길 여행의 맛을 더한다.

광주시 서구 천변좌로 112-2 (주차장)

공방 겸 카페인 '청춘빌리지'.

16

17

14. 벽화 앞에서 만난 아미와 기념 컷.
15. 청춘발산마을을 만나려면 꼭 거쳐야 하는 108계단.
16. 청춘발산마을 전망대. 광주 시내가 한눈에 내려다보인다.
17. 청춘발산마을 입구의 카페 '청춘빌리지'.

2013년 데뷔한 제이홉의 댄스는 완벽하다는 찬사를 받는다. BTS가 아직 유명해지기 전에 사람들이 '방탄소년단'이라는 이름을 들으면 "아, 그 정호석(제이홉 본명)이 있다는 그룹?"이라고 했을 정도다. 제이홉이 말하는 춤의 비결은 끊임없는 연습. 연습 벌레인 제이홉이 오디션을 받을 때 캐스터가 "잠깐 나갔다 올 테니 춤 연습하고 있어"라고 말한 뒤 외출했다가 서너 시간 후에 돌아왔는데, 그때까지 계속 춤을 추고 있었다는 일화는 유명하다. 그런 진정성이 통해서인지 팬들의 제이홉 사랑은 각별하다. 광주에는 중국 팬들이 제이홉의 생일을 맞아 직접 기획한 벽화가 두 군데 있다. 바로 ❻ 양림동 펭귄마을과 ❼ 청춘발산마을 골목을 잘 찾아 들어가다 보면 선물처럼 제이홉 벽화가 등장한다.

TRAVEL ROAD ⑧
GYEONGJU

BTS와 함께 다시 만나는 경주

INTRODUCTION
그때 그 시절, 수학여행의 단골장소는 경주였다. BTS의 발자취를 따라 경주를 둘러보면 신라 천년의 역사를 간직한 이곳이 새롭게 느껴질 것이다.

SPECIAL POINT
경주에는 매력적인 장소가 많아 갈 곳도 많다. 본격적으로 여행을 시작하기 전 '옛고을토속순두부'에서 든든히 배를 채우고 출발하는 것이 좋다. 해질녘에는 대릉원에 꼭 가볼 것!

- 대릉원
- 옛고을토속순두부
- 보문정
- 브라운슈가
- 교촌마을
- 솔거미술관
- 한국대중음악박물관 BTS
- 월정교
- 불국사

경주 당일치기 추천 코스

경주의 볼거리를 모두 즐기려면 일정을 이틀로 계획해야 여유롭게 여행할 수 있다.

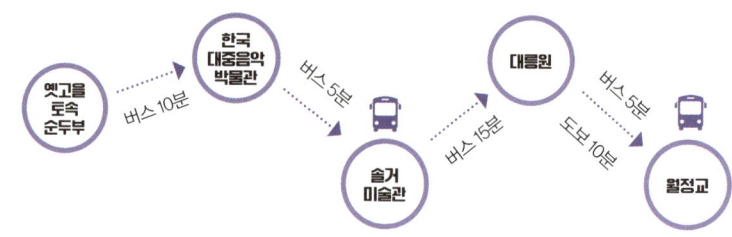

옛고을토속순두부 — 버스 10분 → 한국대중음악박물관 — 버스 5분 → 솔거미술관 — 버스 15분 → 대릉원 — 버스 5분 / 도보 10분 → 월정교

90

1

RM's PICK

대릉원
대릉원에는 천마총, 황남대총, 미추왕릉 등 23기의 신라 시대 고분이 모여 있다. RM이 다녀간 뒤 아미들의 경주 여행 필수 코스로 자리잡았다.
- 경북 경주시 황남동 31-1
- 054-771-8650

→ AR장신구 필터를 활용한 셀카찍기!

1. RM이 사진을 찍은 미추왕릉 뒤편. 가장자리에 자리한 배롱나무 한 그루가 사진의 포인트다.
2. 대릉원에는 증강현실(AR) 존이 있다. QR코드에 스마트폰 카메라를 가져다 대면 유물을 3D로 볼 수 있다.
3. RM이 인증 샷을 찍은 곳은 후문으로 가야 가깝다.

월정교
2

월정교는 야경이 아름답기로 유명한데, RM이 찍은 사진 속 낮의 월정교도 매력적이다. RM이 등을 기댄 나무 기둥에서 진액이 흐를 수 있으니 주의할 것.
- 경북 경주시 교동 274

RM's PICK

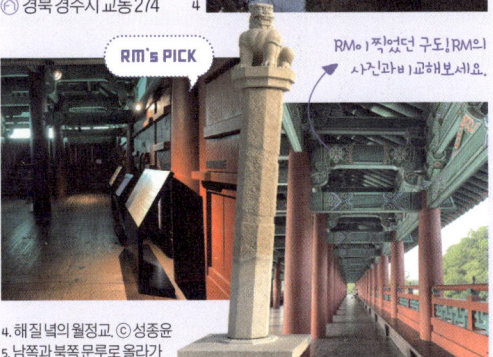

RM이 찍었던 구도! RM의 사진과 비교해보세요.

교촌마을
3

400년 동안 경주 최씨 가문이 살던 최 부자 종갓집과 유형문화재 경주향교 등 전통 한옥이 모여 있다. 관광객 체험을 위해 민속놀이 기구를 제공한다.
- 경북 경주시 교촌길 39-2
- 054-760-7880
- www.gyochon.or.kr

4. 해질 녘의 월정교. ⓒ성종윤
5. 남쪽과 북쪽 문루로 올라가 전시물을 관람할 수 있다.

모든 계절이 아름다운 경주

RM이 경주의 대표 관광지 ① 대릉원을 찾았다. RM의 인스타그램 사진 속 배롱나무는 가지만 있다. 자홍색 꽃잎이 만개하는 시기는 7월에서 9월 사이다. 출입구 앞 표지판을 따라 천마총 방향으로 걸으면 RM이 사진을 찍은 장소를 쉽게 찾을 수 있다. 그는 ② 월정교에서도 사진을 찍었다. 대릉원에서 월정교까지는 차로 3분이면 도착하지만, 걸어서 가면 30분, 버스를 타더라도 정류장에서 월정교까지 10분 정도 걸어야 한다. 근처의 대여소를 찾아 전동 스쿠터를 빌릴 수 있다. 대릉원과 월정교 다음으로 갈 곳은 ③ 교촌마을이다. RM이 마루에 다리를 꼬고 앉아 턱을 괴며 사진을 찍은 장소가 바로 교촌마을이다. 교촌마을 내 경주최부자아카데미에서는 전통 놀이 체험 학습을 할 수 있다.

신인 시절 BTS의 추억

옛고을토속순두부
순두부찌개와
오리훈제두부보쌈이 자랑인 식당.
RM이 앉았던 자리는 표시가 되어
있어 쉽게 찾을 수 있다.
📍 경북 경주시 숲머리길 132
📞 0507-1436-8252

RM이 앉았던 자리!
얼큰한 토속
순두부찌개는
1만 2000원

10. 옛고을토속순두부 전경.

브라운슈가
마당이 있는 카페. 커피와 주스 등
음료 외에 경주의 특색을 담은
찰보리빵과 이상복명과의
경주빵도 함께 판매한다.
📍 경북 경주시 밝은마을길 5
📞 054-746-0778
📷 @korea.brownsugar

6. 카페 '브라운슈가' 전경.
7. BTS의 사인. 창틀에는 팬들이 가져다 둔 굿즈가 올려져 있다.
8. 과일이 올라간 와플과 아이스 아메리카노.
9. 카페 내부. 해가 잘 들어와 밝은 분위기이다.

RM's PICK

한국대중음악박물관
한국대중음악의 역사와 문화를
전시하고 보존하는 음악 박물관.
이곳을 방문한 RM이 사진을 찍어
SNS에 올린 후, 박물관 측은 출입구에
'Welcome ARMY'라고 쓴 배너를
세워두었다.
📍 경북 경주시 엑스포로 9
📞 054-776-5502
🌐 www.kpopmuseum.com

11. 2층 기획 전시실에 마련된 BTS 존.

④ **브라운슈가**는 BTS가 신인 시절 방문한 카페다. 사장님은 멤버들에게 추로스를 구워줬다며 그 당시를 회상했다. 지금은 추로스 대신 제철 과일을 올린 와플을 판매하고 있다. RM은 경주 여행 중 뜨끈한 순두부찌개 국물을 맛보러 ⑤ **옛고을토속순두부**를 찾았다. 식당에서 만난 사장님의 당시 상황 설명에 따르면 RM은 지인과 함께 방문했다. 배려심 넘치는 사장님은 RM이 마음 편히 식사할 수 있도록 일부러 알은척도 하지 않았다고. 이곳은 문지방을 중심으로 좌식과 입식으로 나뉘어 있는데, RM은 좌식 테이블이 있는 곳에 앉았다. 통기타 모형이 멀리서도 눈에 띄는 ⑥ **한국대중음악박물관**에는 BTS 전시관이 마련돼 있다. 전시 공간에는 BTS의 경력과 수상 이력, 각 멤버의 소개와 굿즈 등 다양한 콘텐츠가 전시되어 있다.

경주엑스포대공원 정문. 매표소 앞에서 내 12시면 엑스포 상가 1을 찾아오세요!

〈화양연화 pt. 1〉 앨범 재킷 촬영지

7 보문정
팔각 정자와 연못, 나무 등 아름다운 조경과 옛 분위기를 느낄 수 있는 곳. 멤버들의 사진에는 벚꽃이 만개해있지만, 어느 계절이든 아름답다.
경북 경주시 신평동

RM's PICK

9 불국사
유네스코 세계문화유산으로 지정된 사찰. 신라 시대에 창건됐으며, 역사적 유물을 관람할 수 있는 경주 대표 관광지.
경북 경주시 불국로 385
054-746-9913
www.bulguksa.or.kr

RM이 인증 샷을 찍은 석가탑.

12. 솔거미술관 입구.
13. 경주엑스포대공원 입구.
14. 경주엑스포대공원 입장권을 구매하면 솔거미술관도 입장이 가능하다.
15. 경주엑스포대공원의 랜드마크 경주타워.
16. RM이 관람 후 인증 샷을 찍은 박대성 화백의 '몽유신라도원도'.

8 솔거미술관
박대성 화백의 상설 전시 외에 선정 작가들의 기획 전시가 열리는 공립 미술관으로, 경주엑스포대공원 내에 있다. 미국에서 개최한 박대성 화백전시회에 방문할만큼 그에 대한 애정이 남다른 RM도 이곳에 들렀다.
경북 경주시 경감로 614
054-740-3990
www.gjsam.or.kr

7 보문정은 한국대중음악박물관에서 2분 거리에 위치한 곳으로, BTS의 〈화양연화 pt. 1〉 앨범 재킷 촬영지다. 풍경 사진가들 사이에서는 유명하지만, 일반 대중에게는 잘 알려지지 않은 장소였다. BTS 앨범 재킷처럼 사진 속 벚꽃을 보려면 만개 시기인 3월에서 4월 사이에 방문하는 것이 좋다. 미술 애호가로 알려진 RM은 경주에서도 미술관 관람을 빼놓지 않았다. RM은 2022년 **8 솔거미술관**에 다녀갔다. 박대성 화백의 '금강폭포' 앞에서 인증 샷을 찍었다. **9 불국사**에서도 RM의 포토 스폿을 찾는 재미가 있다. 석가탑과 석가탑에 가기 전 회랑 뒤편이 그곳이다. 방문하기 전 RM의 사진을 미리 찾아보고 똑같이 따라 해보는 재미도 쏠쏠하다.

멤버들 따라 인증 샷 찰칵!

INTRODUCTION

제주도는 지민과 진, RM이 휴식을 취한 여행지다. 제주 곳곳에서 촬영한 사진이 트위터 등 SNS에 올라오면서 많은 팬이 그들의 흔적을 따라가고 있다.

SPECIAL POINT

예술과 철학이 융합된 분재를 통해 RM의 취향을 공유할 수 있는 '생각하는 정원'과 지민을 따라 귀염뽀짝 인생샷을 건질 수 있는 '스누피가든'은 별 5개!

제주 남서쪽 1박 2일 추천 코스

제주도는 생각보다 엄청 넓다. 루트를 짤 때 이동 시간과 영업시간은 꼭 확인!

DAY 1: 무인제주 → (택시 20분) → 문쏘 → (택시 5분 또는 도보 30분) → 협재해수욕장 → (택시 15분) → 생각하는 정원 → (택시 25분) → 남경미락

DAY 2: 환상숲곶자왈공원 → (택시 11분) → 본태박물관 → (택시 5분) → 포도뮤지엄

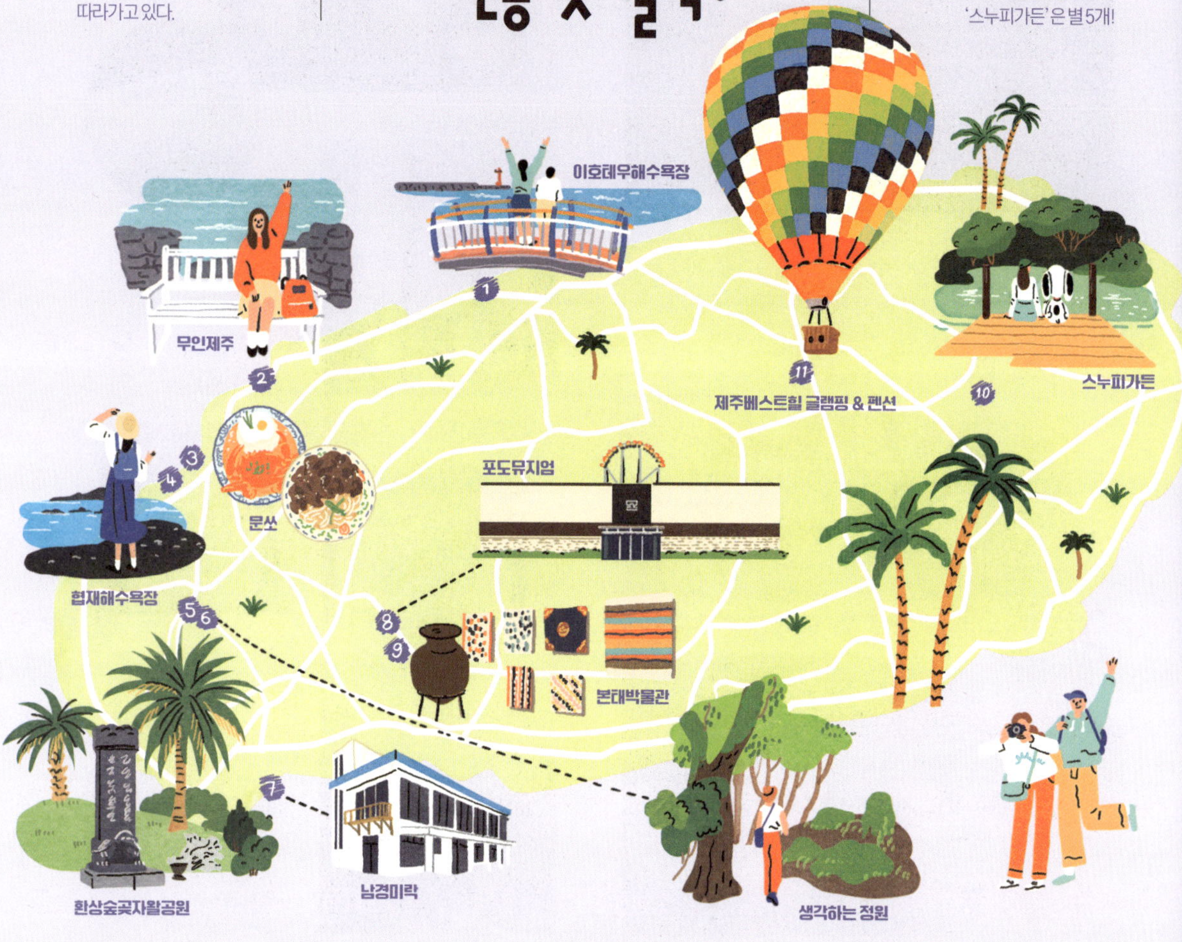

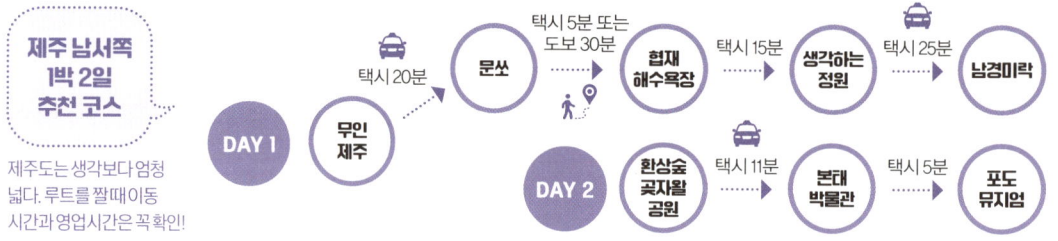

1 진's PICK

진의 사진 촬영 장소 찾는 팁! 올레회어촌, CU, 빽다방을 찾기!

1. 진이 상의를 벗고 사진을 촬영한 장소.
2. 이호테우해수욕장의 어린이 무료 해수 풀장.
3. 튜브대여 비용은 소형 5000원, 대형 1만원.
4. 이호테우해수욕장의 포토존, 목마등대.

이호테우해수욕장

이호테우해수욕장은 작지만 알차다. 진이 사진을 촬영한 곳은 해수욕을 하는 곳과 반대로 향하다 보면 찾을 수 있다.

- 제주도 제주시 이호일동
- 064-728-3994
- www.visitjeju.net

 **2**

무인제주

서퍼들의 성지인 곽지해수욕장에서 250m, 걸어서 4분 거리에 위치한 제주 안의 작은 발리 '무인제주'다. 골목 안으로 들어가면 푸른 들판과 에메랄드빛 바다, 흰 벤치가 반짝인다.

- 제주도 제주시 애월읍 금성5길 44-9
- 064-799-6633
- @muin_menu

지민's PICK

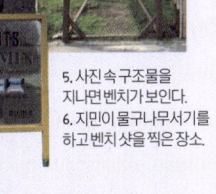

5. 사진 속 구조물을 지나면 벤치가 보인다.
6. 지민이 물구나무서기를 하고 벤치 샷을 찍은 장소.

누구나 무료로 벤치에서 사진을 찍을 수 있어요!

3

7. 지민이 앉은 3번자리. '문쏘' 사장님의 말에 따르면 오후 5시경 또래남성과 방문한 지민은 마라황게카레, 쿠로부타동, 에그인헬을 주문했다.

지민's PICK

문쏘

지민이 방문하기 전부터 인스타그램 비주얼 맛집 1호로 유명한 곳. 쿠로부타동을 주문하면 토치를 이용해 자리에서 직접 고기를 그을려준다.

- 제주도 제주시 한림읍 한림상로 15-5
- 064-796-4055
- @moonsso1942

사인에 적힌 이름은 당시 문쏘에서 매니저로 일하던 직원의 이름이에요.

문쏘 바로 옆의 편집숍 '꾸꾸제주'에도 들러보세요! 다양한 보라색 아이템이 있어요.

미술관부터 한국식 정원까지 제주 이모저모

BTS의 멤버 진이 제주도를 여행하면서 SNS에 올린 사진 중 가장 뜨거운 반응을 얻은 사진이 있다. 바로 상의를 탈의하고 7명의 멤버 전원이 동일하게 한 우정 타투를 공개한 사진이다. 그 사진을 찍은 곳이 바로 ❶ 이호테우해수욕장이다. 지민이 인스타그램에 올린, 흰 벤치 앞에서 물구나무서기를 한 사진은 ❷ 무인제주에 가면 그대로 찍어볼 수 있다. 아미 사이에서는 일명 '벤치 샷'으로 유명하다. ❸ 문쏘는 지민이 제주도 여행 중 들러 식사를 한 곳이다. 해외 각지에서 모여드는 팬들은 지민이 앉은 자리에 앉으려고 오픈 런을 하거나 줄을 서기도 한다. 사장님의 말에 따르면 BTS 팬이 아닌 한국인 손님이 그 자리에 앉아 있다가 간절한 해외 아미의 모습을 보고 자리를 양보해준 따뜻한 일화도 있다.

협재해수욕장

송림에 둘러싸인 야영장이 있고, 수심이 얕아 어린이가 있는 가족 단위 여행객이 머물다 가기 좋다. 제주 올레길 14코스의 일부이기도 하며, 금능해수욕장과 붙어있다.

🏠 제주도 제주시 한림읍 협재리 2497-1
☎ 064-728-3981

8. 지민처럼 바다를 배경으로 사진 찍어보기.
9. 대여료는 1~2인용 소형텐트 2만원, 3~5인용 대형텐트 3만원, 타프와 그늘막 2만원.

8

4

6 RM's PICK

생각하는 정원

RM이 양팔 벌린 포즈로 사진을 촬영한 곳. 1만3000평 규모의 정원으로, 한국 고유의 정원수와 분재, 괴석과 수석 등을 통해 독창적인 한국식 정원을 만나볼 수 있다.

🏠 제주도 제주시 한경면 녹차분재로 675
☎ 064-772-3701
🌐 www.spiritedgarden.com

10

10. RM의 사진 속 바로 그 장소.
11. 정원이 한눈에 들어오는 돌오름 카페.

잉어 먹이 주기 체험 1000원!

환상숲곶자왈공원

용암 위에 형성된 숲으로, 여름에도 15℃안팎의 온도를 유지하는 곶자왈은 족욕 테라피, 화분 심기 체험 등 다양한 프로그램을 운영한다.

🏠 제주도 제주시 한경면 녹차분재로 594-1
☎ 064-772-2488
🌐 www.jejupark.co.kr

5

단 한명이 방문해도 숲 해설사가 50분간 동행해 천연 원시림 곶자왈을 소개해주어요!

ⓒ환상숲곶자왈공원

지민's PICK

7

12

남경미락

지민이 아름다운 노을을 배경으로 촬영한 곳은 '남경미락' 횟집 앞에 아담하게 조성된 공간이다. 이곳에서는 자연산 다금바리와 돌돔, 붉바리 등을 판매한다.

🏠 제주도 서귀포시 안덕면 사계남로 190-7
☎ 064-794-0055

13

횟감이 떨어지면 문을 일찍 닫으니 식사를 할 예정이라면 방문 전 문의는 필수!

난간이 꽤 높으니 넘어지지 않게 조심 또 조심!

12. 지민이 사진을 촬영한 곳.
13. 남경미락 외부 사진.

---

③ 문쏘에서 멀지 않은 거리에 있는 ④ 협재해수욕장에는 텐트를 빌려 아늑한 시간을 보낼 수 있는 야영장이 있다. 야영장과 마주한 바다에서 지민의 사진처럼 까만 현무암과 대비되는 옥빛 바닷물을 배경으로 촬영할 수 있다. 미술은 물론, 분재에도 관심이 많은 RM은 나무와 분재에 대한 철학을 스토리텔링 해놓은 ⑤ 생각하는 정원에서 인증 샷을 남기기도 했다. ⑥ 환상숲곶자왈공원에서는 '불타오르네' 등의 곡이 실린 BTS의 〈화양연화 pt. 2〉앨범 화보 촬영을 했다. 지민이 제주 여행 중 붉게 물드는 노을을 배경으로 촬영한 사진 속 장소는 바로 횟집 ⑦ 남경미락이다. 자연산 횟감을 취급해 다소 금액대가 높다. 하지만 식사를 하지 않아도 잠시 들러 사진을 찍을 수 있다. 남경미락 근처 난간 위에서 가지런히 손을

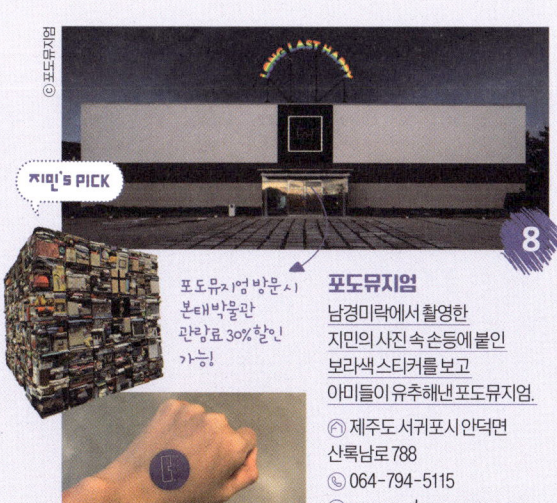

지민's PICK

본태박물관
예술에 조예가 깊은 RM. BTS 공식 트위터에 올라온 사진 네 장 중 세 장을 이곳에서 촬영했다.

📍 제주도 서귀포시 안덕면 산록남로762번길 69
📞 064-792-8108
🌐 www.bontemuseum.com

RM's PICK

사진을 찍어주는 사람이 한두 계단 아래로 내려가서 최대한 난간 쪽으로 붙어 찍으면 RM과 비슷한 구도를 연출할 수 있어요!

포도뮤지엄 방문시 본태박물관 관람료 30% 할인 가능

포도뮤지엄
남경미락에서 촬영한 지민의 사진 속 손등에 붙인 보라색 스티커를 보고 아미들이 유추해낸 포도뮤지엄.

📍 제주도 서귀포시 안덕면 산록남로 788
📞 064-794-5115
🌐 www.podomuseum.com

지민's PICK

스누피가든
50년간 연재된 <피너츠> 원작과 원작자 찰스 슐츠의 철학을 엿볼 수 있는 곳. 무려 2만 5000여 평의 야외 가든과 5개 테마 홀, 3개 중정으로 구성돼 있다.

📍 제주도 제주시 구좌읍 금백조로 930
📞 064-903-1111
🌐 www.snoopygarden.com

14. 지민이 사진을 촬영한 호숫가 나루터.
15. 우드스탁의 빅네스트 근처 숲에 있는 지민의 사진 촬영지.
16. 야외 가든을 나서면 바로 보이는 지민의 사진 속 장소.

이곳에서만 판매하는 열기구 배지는 1만 5000원!

제주베스트힐 글램핑 & 펜션
이곳의 '방탄카페'에서는 열기구를 모티브로 한 배지와 클리어 파일·엽서 등의 굿즈 그리고 BTS 멤버들의 얼굴이 담긴 버스카드 등을 판매한다. 열기구 체험은 물론, 돔 글램핑과 펜션에서 숙박도 할 수 있다.

📍 제주도 제주시 조천읍 남조로 2109-36
📞 070-4400-3300

ⓒ제주베스트힐 글램핑 & 펜션

모은 지민의 손등에 붙은 보라색 스티커를 찾아 도착한 곳은 ⑧ **포도뮤지엄**이다. 보라색 스티커는 포도뮤지엄의 입장권과 같은 역할을 한다. 포도뮤지엄과 멀지 않은 곳에 자리한 ⑨ **본태박물관**은 총 5개 전시관으로 이루어졌는데, RM은 이곳에서 무려 세 장의 사진을 찍어 공개했다. 그 장소는 바로 1전시관과 3전시관, 5전시관 근처다. ⑩ **스누피가든**은 어른, 아이 할 것 없이 누구나 즐거운 시간을 보낼 수 있는 테마파크다. 지민이 이곳에서 촬영한 사진 속 장소는 모두 야외 가든에 위치해 있다. ⑪ **제주베스트힐 글램핑 & 펜션**에서는 <화양연화 Young Forever> 앨범 화보의 열기구를 만나볼 수 있다. 20명이 단체로 방문했을 경우 1인당 3만원 정도의 비용을 지불하면 열기구를 타볼 수 있다.

PART 3

무작정 나서는 여행도 좋지만, 한 가지 테마를 정한 후 출발하는 여행도 의미 있다. 특히 BTS와 관련한 테마라면 더 깊이 있는 여행을 즐길 수 있을 것이다. 멤버들의 유년 시절 추억에 깃든 장소부터 맛집, 취미, 뮤직비디오 촬영지까지 다양한 테마별로 묶은 여행지를 소개한다.

BTS

THEME 1. 유년 시절

THEME 2. 연습생 시절

THEME 4. 뮤직비디오 촬영지

THEME TOUR

취향껏 떠나는
BTS 테마 여행

THEME 3. 벽화

THEME 5. 취미 **THEME 6.** 미술관 **THEME 7.** 맛집

THEME ①
유년 시절

그때 그 시절 추억의 장소

연예인의 꿈을 펼치던 어린 시절,
그들은 어디서 무얼 했을까.

#대구 #부산 #광주 #고양

슈가의 모교를 지나가는 '대구 724번 버스'
슈가의 고향인 북구태전동을 경유하는 시내버스. 슈가가 서울로 올라오기 전 일상에서 타고 다녔던 버스다. 고교 시절 서울로 상경하는 과정을 담은 노래 '치리사일사팔(724148)'의 724가 바로 버스 번호다.

#서동미로시장
이름 그대로 미로 같은 시장에서 맛나분식을 찾는 법! 가게번호 1-82만 기억하시라.

#가성비
계란만두·순대·떡볶이·김밥에 음료수 2개를 더한 가격이 고작 8000원! 가성비가 내려와~

#맛나분식
📍 부산시 금정구 서동시장길 42-4
📞 051-522-9757

#간장? 떡볶이 국물?
계란만두는 맛나분식표 간장 소스를 뿌려 먹으면 담백한 맛이 배가된다. 매콤달콤한 떡볶이 국물과도 잘 어울린다.

#계란만두
이곳의 대표 메뉴는 계란만두.

#지민's pick
지민이 중학생때 자주 들른 추억의 분식집.

뷔가 뛰놀던 '달성공원'
뷔가 유년 시절을 보냈던 대구 비산동. 팬들은 달성공원이 있는 이곳을 뷔의 이름을 따 '뷔산동'이라고 부른다. 일본의 모잡지는 '한국에 가면 꼭 봐야할 BTS 성지순례지'로 대구 달성공원을 소개하기도 했다.
📍 대구시 중구 달성공원로 35

ⓒ 조이댄스 플러그인 뮤직아카데미

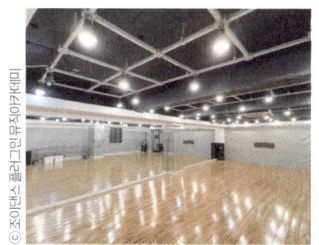

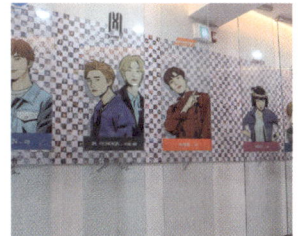

제이홉이 아이돌의 꿈을 키우던
'조이댄스 플러그인 뮤직아카데미'

데뷔 전 이미 춤 실력으로 유명했던 제이홉. 당시 그가 춤 실력을 갈고닦던 광주의 댄스 학원이다. 그는 초등학교 4학년부터 고등학교 1학년까지 이 학원에서 춤을 배웠다. 그의 성실함과 뛰어난 실력을 인정받아 하이브의 오디션 기회를 얻게 되었다는 후일담은 널리 알려져 있다.

광주시 동구 중앙로 185 3층

062-223-0999

#노래하는 분수대

음악에 맞춰 분수 공연도 열린다. 가기 전 시간표 확인은 필수!

#호수공원 한 바퀴

일산호수공원의 산책로는 총 9.1km. 느긋하게 걷는다면 2시간 정도 걸린다.

#일산호수공원

경기도 고양시 일산동구 호수로 731

031-8075-4347

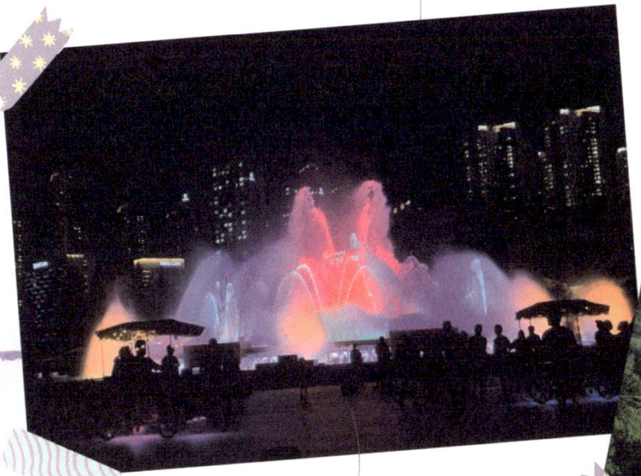

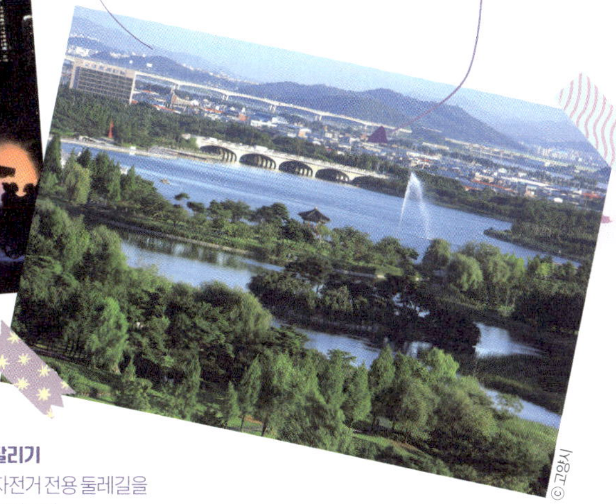

ⓒ 고양시

#국내 최대 꽃 축제

일산호수공원에서는 매년 고양국제꽃박람회가 열린다.

#자전거도로 달리기

호숫가 주변의 자전거 전용 둘레길을 따라 라이딩을 즐겨보자. 고양시 공유 자전거 '타조(Tazo)'는 1300원으로 1시간 이용이 가능하다.

정국의 고향, 부산 만덕동 레고마을

정국의 유년 시절 추억이 담겨 있는 동네, 부산 만덕동. 사람이 거주하는 단독주택 단지인 이곳의 알록달록한 지붕 색이 마치 레고 같아 '레고마을'이라는 이름이 붙었다. 부산관광공사가 엄선한 '정국 투어' 코스 중 한 곳이기도 하다.

부산시 북구 상리로 70 백양중학교 옆 일대

ⓒ Visit Busn

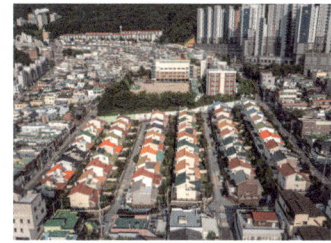

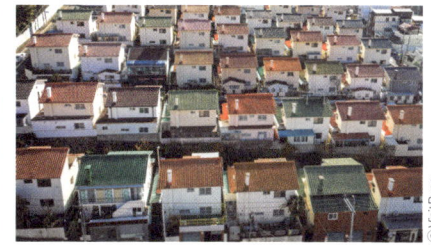

THEME ②
연습생 시절
피 땀 눈물의 흔적 찾아…

연습생 시절 흔적이 오롯이 담긴 강남구 일대.
장소 간 거리가 가까워 당일치기로 둘러보기 좋다.

#강남 #송파

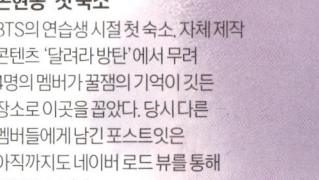

논현동 '첫 숙소'
BTS의 연습생 시절 첫 숙소. 자체 제작 콘텐츠 '달려라 방탄'에서 무려 4명의 멤버가 꿀잼의 기억이 깃든 장소로 이곳을 꼽았다. 당시 다른 멤버들에게 남긴 포스트잇은 아직까지도 네이버 로드 뷰를 통해 확인할 수 있다.
📍 서울시 강남구 논현로149길 17-3

#학동공원
📍 서울시 강남구 강남대로140길 47

#화해의 장소
일명 '만두 사건'으로 다툰 지민과 뷔는 이곳에서 화해했다.

#2014년 추석
추석을 맞아 한복을 입고 촬영한 정자도 있다.

#BTS 그네
지역 주민들에게 일명 'BTS 그네', '방탄 그네'로 통한다.

#'N.O'
이곳에서 'N.O'의 무대를 땀나게 연습하기도.

#'달려라 방탄'
'Special Episode Telepathy Part 2'에 등장!

카페 '휴가'로 탈바꿈한 연습생 시절 숙소
곳곳을 돌아다니며 '이 공간은 어떤 멤버의 방이었을까?' 상상해보는 팬들을 여럿 볼 수 있다. 이곳의 시그너처 메뉴 블랙소금빵은 빠르게 품절되니 오전에 일찍 갈 것!
📍 서울시 강남구 논현로119길 16 우성빌리지 뒷담길
📞 02-3444-2022

하이브의 전신, '청구빌딩'
하이브 모태가 된 빅히트 엔터테인먼트의 사옥으로 사용되던 곳. 이곳에서는 보라색 아이템을 장착한 아미들이 펜을 들고 벽에 BTS를 향한 애정어린 기록을 남기고 있는 모습을 볼 수 있다.
📍 서울시 강남구 도산대로 16길 13-20

#방탄비빔밥
일명 '방탄비빔밥'으로 불리는 흑돼지 돌솥비빔밥.

#파란색 하트
메뉴판 집중! 파란색 하트가 멤버들이 즐겨먹던 메뉴다.

#유정식당
📍 서울시 강남구 도산대로28길 14
📞 02-511-4592

#굿즈 기부 가능
사장님이 OK하시면 원하는 굿즈 기부 가능!

#지리산황토골토종흑돼지
'유정식당=지리산황토골토종흑돼지'로 같은 곳!

#지역 주민 맛집
아미뿐만 아니라 지역 주민도 찾는 찐맛집.

청춘을 신나게 불태운 '롯데월드'
2013년 3월 17일, 꿈 많던 7명의 청춘은 롯데월드에서 신나는 추억을 쌓았다. 바로 지금의 BTS 멤버다. 이때의 기억이 얼마나 소중한지 지민은 그날의 롯데월드 티켓을 지갑 속에 넣어 다닌다고 밝히기도 했다.
📍 서울시 송파구 올림픽로 240
📞 1661-2000

THEME ③
벽화가 있는 마을

눈이 행복해지는 BTS 벽화 여행

무심코 걷던 길과 오래된 회색빛의 건물에도 생기를 불어넣는, BTS가 그려진 벽화.

#광주 #대구 #부산 #고양 #군산

활짝 웃는 제이홉 만나러 '양림동 펭귄마을'로!
오래된 건물에 벽화를 그려 생기를 불어넣은 양림동 펭귄마을. 많은 벽화 중 단연 인기있는 곳은 제이홉이 그려진 건물이다. 광주 출신 제이홉이 손으로 하트를 만들어 보이며 해맑게 웃고 있는 모습을 만날 수 있다.
◎ 광주시 남구 천변좌로446번길 7

#뷔의 모교
뷔가 다닌 대성초등학교 앞에 높이 2m, 길이 60m의 대형 벽화가 탄생했다!

#뷔 벽화거리
◎ 대구 서구 비산동 166-4

#뷔산동
뷔의 고향인 대구 비산동은 팬들 사이에서 '뷔산동'으로 불린다.

#보라해
'보라해'는 BTS와 아미 사이에서 '사랑해' 처럼 쓰이는 말이다. ♥

#반 고흐
반 고흐는 뷔가 좋아하는 화가 중 하나! 그의 작품 '별이 빛나는 밤'을 모티브로 한 벽화를 하단에 조성했다.

#골목 여행
대성초등학교 인근 골목 곳곳에도 귀여운 벽화가 숨어있으니 놓치지 말것!

지민·정국이 그려진 '감천문화마을'
언덕 위에 자리 잡은 특유의 지형으로 유명한 부산 감천문화마을. 다양한 벽화가 그려져 늘 사진 촬영하는 관광객으로 붐비는 이곳에서는 지민과 정국의 벽화도 만날 수 있다.
◎ 부산시 사하구 감내2로 203 감천문화마을안내센터
☎ 051-204-1444

아미가 함께 만든 '고양관광정보센터' RM 벽화

정발산역 2번 출구에서 1분 거리의 고양관광정보센터 외벽에는 RM의 대형 벽화가 그려져 있다. RM의 환한 미소와 사랑스러운 보조개가 묘사된 이 그림은 아미와 고양시의 협력하에 탄생했다. 보라색 소품도 곳곳에 배치돼 있다.
ⓐ 경기도 고양시 일산동구 중앙로 1271-1

#물베기한정식
산뜻한 노란색의 슈가 벽화는 '물베기한정식' 옆에 있다.

#명덕역 물베기거리
ⓐ 대구시 남구 명덕로 154 일대

#남산동 지하 작업실
대구 문화·예술의 중심지인 이곳에 슈가의 음악 작업실이 있었다.

#'INTRO: Never Mind'
BTS 노래 'INTRO: Never Mind' 속 배경이 되는 곳이 바로 물베기거리!

#가사 곱씹기
작사·작곡은 물론, 프로듀싱까지 직접하는 슈가. 벽화에 적힌 BTS의 가사를 음미해보자.

#1993
슈가가 태어난 연도인 '1993'이 새겨진 대형 벽화를 보고 싶다면 'S-OIL 도원셀프주유소'로!

BTS 완전체 벽화가 있는 '군산지곡초등학교'

일곱 멤버 전원의 얼굴이 그려진 벽화를 만날 수 있다. 2021년부터 BTS를 응원하는 마음을 담아 군산 일대에 BTS의 얼굴을 그려온 이종배 그라피티 아티스트가 작업한 이곳의 벽화는 높이 5m, 길이 60m에 달한다.
ⓐ 전북 군산시 신지길 26

THEME ④
뮤직비디오 촬영지

뮤직비디오 속 아름다운 배경들

한 장면 한 장면 모두 마치 예술 작품 같은
뮤직비디오와 프롤로그 영상의 배경이 된 장소.

#부안 #용인 #영덕 #양평 #양주 #제천

〈화양연화 Young Forever〉 'Save Me' 촬영지, 새만금 간척지
새만금은 그늘이 없는 간척지다. 시리적 특성상 뮤직비디오 안에서도 위치를 특정할 건물이 없어 팬들조차 촬영지가 정확히 어딘지 찾기 어려웠다는 후문이 있는 곳이다. 새만금홍보관 근처에는 BTS 포토 존도 마련돼있다.
ⓐ 전북 부안군 변산면 새만금로 6

#Agust D '대취타'
슈가의 또 다른 아티스트명인 '어거스트디(August D)'의 솔로곡 '대취타'의 뮤직비디오 배경지.

#용인대장금파크
ⓐ 경기도 용인시 처인구 백암면 용천드라마길 25
☎ 02-789-1675

#올드카를 타고 등장하는 '흑디'
이곳 연무장에서 흑디(흑발의 어거스트디)와 금디(금발의 어거스트디)가 만난다.

#입간판을 찾아라
'대취타' 뮤직비디오를 촬영한 세트장 앞에는 슈가의 사진이 붙은 파란색 입간판이 있다.

#촬영 일정 확인
드라마 촬영이 있는 날에는 통행이 제한될 수 있으니 세트장 방문 전 전화로 일정을 확인할것.

'화양연화 on stage : prologue' 영상 속 경정항 방파제
아쉽게도 지금은 영상 속 뷔가 뛰어내린 철골 구조물을 찾아볼 수 없다. 하지만 실망하기는 이르다. 등대 앞으로 가자. BTS의 세번째 미니앨범 〈화양연화 pt.1〉의 콘셉트 화보 속 지민의 포즈를 따라할 수 있다.
ⓐ 경북 영덕군 축산면 경정리

ⓒ경기도평생교육진흥원

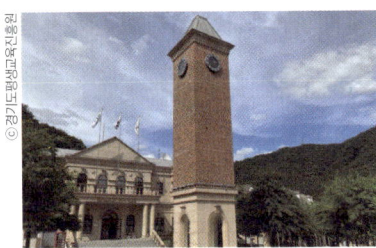

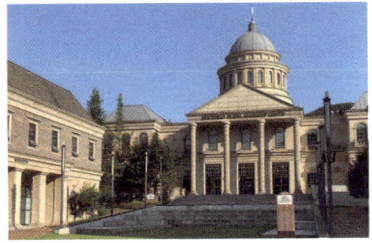

<DARK & WILD> '호르몬 전쟁' 촬영지, 경기미래교육 양평캠퍼스

BTS 1집 타이틀곡의 뮤직비디오 배경지. B10동의 잔디밭이 바로 '호르몬 전쟁' 후렴구에 맞춰 멤버들이 군무를 추는 곳이다. 캠퍼스 안에서 영국의 빅벤이 떠오르는 시계탑을 찾자. 그 앞이 B10동이다.

경기도 양평군 영문면 연수로 209

031-770-1500

#뮤직비디오처럼 찰칵!

플랫폼에서 멀리 떨어진 철로 위에 삼각대를 세우고 16:9 프레임 비율로 인증 샷을 찍어보면 마치 뮤직비디오 같은 분위기가 연출된다.

#'봄날'의 배경, 일영역

뷔가 누군가를 기다리며 먼 곳을 바라보던 철로.

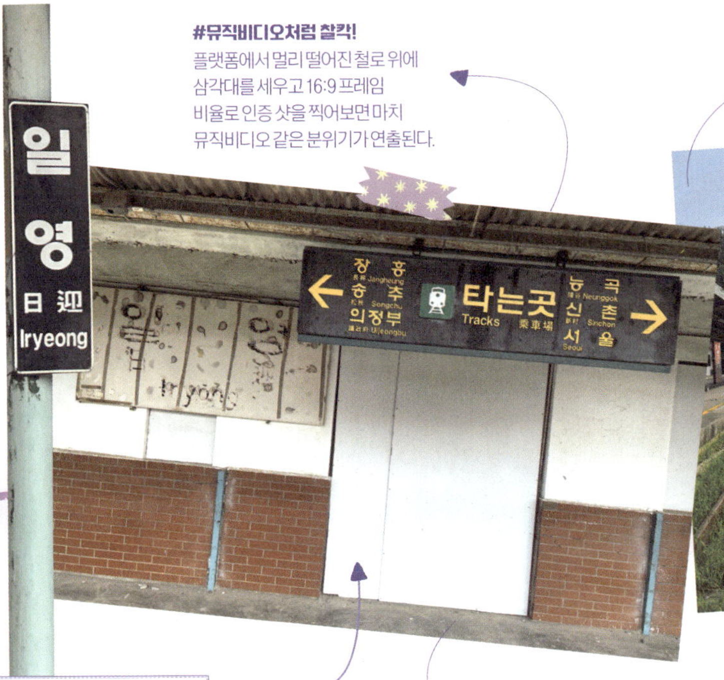

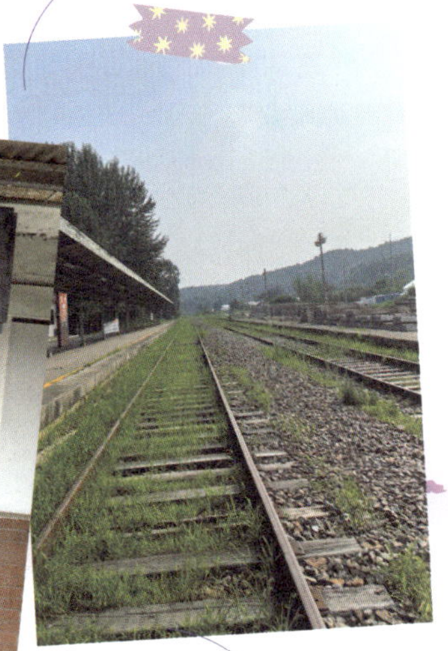

#일영역

경기도 양주시 장흥면 삼상리 327

031-855-5582

#뷔의 등장

뮤직비디오 '봄날'의 도입부에서 뷔가 처음 등장한 곳.

#잠시 쉬어 가는 일영유원지

일영역에서 차로 5분 거리에 일영유원지가 있다.

'EPILOGUE: Young Forever' 제천 모산비행장

40년 넘게 비행기의 이착륙을 볼 수 없었던 모산비행장. 이곳에서 멤버들은 뮤직비디오 속 활주로를 거니는 장면을 촬영했다. 제천시는 이곳에 백일홍을 심어 시민들을 위한 공원으로 조성했다.

충북 제천시 고암동 1200-1

ⓒ제천시

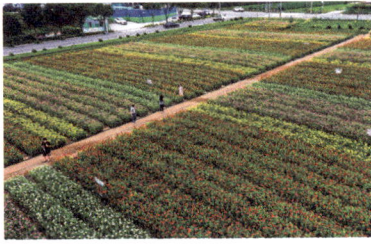

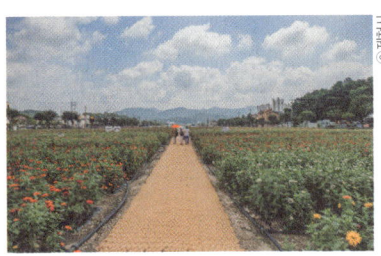

THEME ⑤
그들의 취미 생활

취미 생활도 BTS처럼!

무대 밖 BTS의 모습은 어떨까?
화려한 조명을 벗어난 BTS의 시간.

#용산 #종로 #마포 #고성

나만의 도마를 만들 수 있는 '해쉬더우드'
[BTS VLOG] SUGA | Woodworking
영상 속 목공 꿈나무 슈가가 방문한 목공예 공방. 슈가처럼 원데이 클래스를 통해 원목 도마, 원목 조명, 원목 테이블 등을 만들어볼 수 있다.
📍 서울시 용산구 후암로 38
📞 070-8814-2527

#한국전통주연구소
📍 서울시 종로구 자하문로 62 3층
📞 02-389-8611

#백종원
㈜더본코리아 백종원 대표는 진이 전통주 사랑을 실현할 수 있게끔 도와준 사람!

#나비의 꿀단지
진이 입대하기 전 빚고 간 무사 제대 기원주.

#양조장
양조장을 만들지 않고 술을 나눠주면 주세법 위반! 멤버들과 아미에게 선물할 술을 만들기 위해 진도 양조장을 준비 중.

#사해형제(四海兄弟)
진이 담근 술을 통해 모두 친구가 되었으면 하는 바람을 담아 박록담 한국전통주연구소 소장님이 지어주신 주방문(酒方文)의 이름.

#심사위원
진은 최고의 전통 명주를 뽑는 '대한민국 명주대상'의 특별 심사위원으로 참여하기도 했다.

'엘리카메라'에서 경험하는 필름 카메라
사진작가를 장래 희망이라고 말할 정도로 사진에 관심이 많은 뷔. 여러 차례 필름 카메라로 촬영한 사진을 공개하며 애정을 드러냈다. '엘리카메라'는 원데이 클래스를 운영하며, 이곳에서 필름 카메라를 대여해 촬영해볼 수 있다. 다양한 카메라가 준비돼 있으니 취향껏 골라보자.
📍 서울시 마포구 성암로 281동 103호
📞 1666-0136

차박에 딱! '송지호해수욕장'

유튜브 채널 'BANGTANTV'에 올라온 브이로그 영상에서 정국은 송지호해수욕장으로 차박 캠핑을 떠났다. 바다를 바라보며 그리들에 삼겹살을 구워 먹은 후, 아무지게 후식으로 마시멜로까지 구워 먹으며 일상의 달콤함을 만끽했다. 송지호해수욕장은 주차장이 넓고, 화장실 시설이 잘되어 있어 차박하기 좋다.

ⓐ 강원도 고성군 죽왕면
ⓒ 033-680-3356

#금속공예가
금속공예를 전공한 금속공예가가 운영하는 공방!

#오브제
주얼리뿐만 아니라 금속을 활용한 오브제와 리빙 소품도 제작 가능!

#부리
이곳에서 촬영한 영상에는 무언가에 몰두할때면 나오는 지민의 입술을 일컫는 팬들의 애칭 '부리'가 등장했다.

Ⓒ실버키트하우스

#실버키트하우스
ⓐ 서울시 용산구 신흥로36길 6 1층
ⓒ 0507-1361-3413

#실버 팔찌
지민은 이곳에서 은 팔찌를 만들었다.

#안전 제일
톱이나 공구를 다루는 작업이니 다치지 않게 조심!

형형색색의 비즈가 가득한 '동대문종합시장 악세사리상가'

제이홉은 브이라이브 방송을 통해 비즈 팔찌 만드는 모습을 공개했다. 멤버별로 어울리는 비즈를 골라 만든 후에는 아미를 위한 팔찌도 만들었다. 팔찌를 만들다 보면 잡생각이 사라져 취미 생활로 좋을 것 같다는 제이홉의 말처럼 비즈 팔찌 만들기를 취미로 즐기고 싶다면 동대문종합시장 악세사리상가에 들러볼 것을 추천한다.

ⓐ 서울시 종로구 종로266

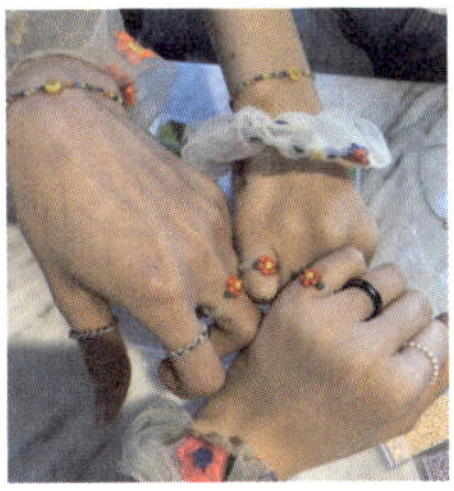

THEME ⑥
예술 여행

RM 따라 떠나는 미술관 투어

평소 미술에 조예가 깊은 RM.
그의 취향이 반영된 미술관을 따라가보자.

#경주 #원주 #대구 #양주 #부산 #양평

자연의 품에 안겨 있는 '솔거미술관'
RM은 박대성 화백의 작품 '몽유신라도원도'를 찍어 SNS에 올렸다. 현재는 다른 전시가 진행되고 있지만, 공간의 웅장함은 RM이 느꼈던 그대로 남아있다.
📍 경북 경주시 경감로 614
📞 054-740-3990

#뮤지엄 산
📍 강원도 원주시 지정면 오크밸리2길 260
📞 033-730-9000

#원주시티투어버스
원주역 앞 버스 정류장에서 시티투어버스를 타면 뮤지엄 산 바로 앞에서 내려준다.

#워터가든
RM의 포토 존, 워터가든을 배경으로 촬영!

#김환기 화백
RM은 김환기 작가의 '무제', 'ECHO 22-I#306' 등의 작품을 감상했다.

#가을 단풍
산속에 자리잡은 뮤지엄 산은 가을 단풍이 일품.

#안도 다다오
노출 콘크리트의 대가인 건축가 안도 다다오가 설계했다.

버킷 햇과 티셔츠 챙겨 '대구미술관'으로!
RM이 유영국 작가의 '산' 시리즈를 관람한 뒤 팬들 사이에서 필수 코스로 떠오른 대구미술관. 전시가 막을 내린 뒤에도 그의 인증 샷을 따라하는 'RM 오마주'가 이어지고 있다. RM의 사진을 따라하고 싶다면 사진 속 룩인 블랙 버킷 햇과 흰 티셔츠를 꼭 챙길 것!
📍 대구시 수성구 미술관로 40
📞 053-803-7900

**모든 곳이 인생 샷 스폿,
'양주시립장욱진미술관'**
푸른 들판과 기하학적인 건축 공간 덕분에 어디에서나 인생 샷을 남길 수 있는 곳. RM이 인증 샷을 찍은 김래환 작가의 '고양이가족'은 야외 조각 공원에서 찾을 수 있다.
📍 경기도 양주시 장흥면 권율로 193
📞 031-8082-4245

#부산시립미술관 본관
미술 애호가 RM은 부산시립미술관을 무려 네 번이나 방문했다.

#인스타그램
〈한국현대미술작가조명Ⅳ-이형구〉, 〈나는 미술관에 OO하러 간다〉 등 전시 관람 인증 샷을 남기기도 했다.

#소장품 기획전 〈영접〉
그간 RM이 감상한 전시는 모두 종료됐지만, 훌륭한 전시가 지속해서 열리고 있다.

 # 부산시립미술관
📍 부산시 해운대구 APEC로 58
📞 051-744-2602

#방명록
RM이 이우환 공간에 남긴 방명록. 이우환 공간에는 RM의 사인이, RM의 집에는 이우환의 사인이 있다는 후문!

#이우환 공간
내부 촬영이 금지돼 오롯이 작품에만 집중할 수 있다.

비 오는 날은 '이재효갤러리'로!
이재효 작가의 작품은 제목이 없는 것이 특징이다. 따라서 RM이 사진을 찍은 작품을 찾는 대신 한 바퀴 둘러보는 것을 추천한다. 이곳은 촉촉하게 비 오는 날이면 나무 냄새가 짙은데, 이런 날씨에는 더욱 운치가 있다.
📍 경기도 양평군 지평면 초천길 83-22
📞 031-772-1402

'전남도립미술관'에서 RM존 찾기
이곳을 배경으로 촬영한 RM의 사진이 BTS 공식 트위터에 게재됐다. RM은 2021년 '이건희 컬렉션 특별전: 고귀한 시간, 위대한 선물'을 관람하기 위해 이곳을 찾은 것으로 알려져 있다. RM의 사진을 따라 찍어보고 싶다면 'RM존' 표시를 찾아가면 된다.
📍 전남 광양시 광양읍 순광로 660
📞 061-760-3290

THEME ⑦ 사진 속 그 맛집

BTS 흔적이 남아 있는 미식투어

멤버들이 다녀간 후 사인이나 사진을 남겨 '찐 인증'된 전국 BTS 맛집.

#대구 #부산 #양평 #고양 #제주 #경주

양배추와 가래떡의 조화, '부산왕떡볶이'
'떡볶이 킬러' 슈가가 유년 시절 좋아했던 후추떡볶이집으로도 알려진 곳. 채 썬 양배추를 가래떡 위에 올려 아삭하면서도 쫀득한 식감을 자랑한다.
📍 대구시 중구 국채보상로 580 대현프리몰대구 N1
📞 053-256-5482

#용문각
📍 부산시 금정구 금사로 149
📞 051-524-2374

#예약석입니다
지민이 착석한 테이블에 '예약석입니다'라는 문구가 눈에 띈다.

#사인
2022년까지도 이곳을 찾았다는 사장님의 전언. 지민의 사인이 걸려 있다.

#지민 세트
유니짜장 2인분과 탕수육, 만두로 구성된 '유니짜장세트(일명 지민 세트)'가 인기다!

#찍먹 vs 부먹
'부먹'으로 나오는 이곳의 탕수육은 '찍먹'파도 반할 만큼 바삭하다.

#지민 단골집
부산 출신 지민이 어린 시절부터 다닌 '찐단골' 맛집.

브이로그 속 그 집, '유리네벌교꼬막정식'
뷔가 드라이브 브이로그에서 양평에 도착해 가장 먼저 들른 곳. 꼬막은 좋아하지만 매운 음식을 잘 못 먹는 그는 간장꼬막정식을 주문해 한 그릇을 뚝딱 비웠다. 하지만 이 집의 고추장 양념은 특제 소스를 사용해 남녀노소 가리지 않고 즐길 수 있다.
📍 경기도 양평군 서종면 하문호나룻터길 14-1
📞 031-771-5839

음식문화거리 애니골의 '다람쥐마을누룽지백숙'

고양에서도 맛집이 즐비한 애니골의 터줏대감. 여러 매스컴에도 소개된 이곳은 RM뿐만 아니라 송중기 등 유명 연예인이 다녀간 맛집이다. RM의 사인은 2층으로 올라가는 계단 옆 벽에 걸린 액자 안에 담겨있다. 누룽지백숙뿐만 아니라 도토리묵도 이집의 별미이니 꼭 한번 맛보도록!

- 경기도 고양시 일산동구 애니골길43번길 48
- 031-907-3601

#불 쇼
쿠로부타동을 주문하면 음식이 나올때 직원이 눈앞에서 토치로 불 향을 입혀준다.

#지민이 먹은 메뉴 세 가지!
'문쏘'의 시그너처 메뉴인 마라황게카레, 에그인헬, 쿠로부타동.

#문쏘 옆 꾸꾸제주
소품 가게 '꾸꾸제주'에서는 보라색 아이템도 판매한다.

#문쏘
- 제주도 제주시 한림읍 한림상로 15-5
- 064-796-4055

#3번 자리
지민이 식사를 한 자리의 테이블 번호도 바로 3번! 그중에서도 창가자리다.

솔거미술관 가는 길, '옛고을토속순두부'

RM이 다녀간 솔거미술관에서 자동차로 5분 거리에 있는 식당이다. 칼칼하고 진한 국물 맛에 RM도 반한 걸까. 그의 인스타그램에 인증 샷을 남긴 덕분에 아미의 성지가 됐다. 그가 앉았던 자리에는 'RM Pick'이라고 적힌 화살표 스티커가 붙어 있다.

- 경북 경주시 숲머리길 132
- 054-744-8252

FEATURE ①
MUST DO IT

BTS 따라잡기 BEST 5

좋아하면 따라 하고 싶은 것이 사람의 심리. 평소에는 관심 없던 일도 BTS가 했다고 하면 귀가 쫑긋해지는 것이 아미의 마음이다. BTS를 사랑하는 마음을 담아 가볍게 따라 해볼 수 있는 일들을 모았다. 그저 그들의 행동을 따라 하는 것만으로도 행복감으로 충만해지리라.

한복
곱게 차려입고 특별한 추억 남기기

BTS 멤버들이 한복을 입고 촬영한 사진이나 영상을 여럿 볼 수 있다. 우리 고유의 전통 의상인 한복이 매우 아름다운 것은 모든 한국인이 잘 알고 있지만, 사실 한복을 입을 기회는 많지 않다. 경복궁·경희궁·덕수궁·창덕궁 등의 궁궐은 한복을 입으면 입장료가 무료다. 곱게 한복을 차려입고 궁을 방문한 후 사진을 남겨보는 것은 어떨까?

*서울의 5대 궁궐은 경복궁·경희궁·덕수궁·창덕궁·운현궁인데, 운현궁은 원래 입장료가 무료다.

한복 입장 가이드라인

√ 대부분의 궁궐 앞에는 다양한 한복 대여점이 있으니 미리 마음에 드는 대여점을 찾아보세요!
√ 전통 한복과 생활한복 모두 무료입장 대상!
√ 상의(저고리)와 하의(치마, 바지)를 모두 갖춰 입어야 입장료가 무료예요.

정국 레시피
'꼬소한 불마요 들기름 막국수' 만들어보기

"진짜 맛있어서 세상 사람들 다 먹었으면 좋겠어요."
위버스(팬 커뮤니티 플랫폼)를 통해 정국이 공개한 들기름 막국수 레시피. 평소에도 요리를 즐겨 한다는 그는 '불그리(불닭볶음면+너구리)' 등 다양한 레시피를 공개했다. 야무지고 센스 있는 정국의 면모를 느끼며 '꼬소한 불마요 들기름 막국수'를 만들어 먹어보자!

정국의 RECIPE

❶ 들기름 4스푼, 참소스 2스푼, 불닭소스 1스푼, 불닭마요소스 1스푼, 달걀노른자 1개분(알끈 제거)을 섞어 소스를 만든다.
*다진 양파 1/4개, 고춧가루 1스푼, 다진 마늘 1/4스푼을 넣으면 더 맛있다.
❷ 메밀면을 5분 동안 삶는다. 찬물에 '챠챠챠챠챠' 해서 전분기를 없앤다.
*물기를 최대한 짜야 소스 맛을 더 진하게 느낄 수 있다.
❸ 면에 소스를 취향껏 붓는다.
❹ 김자반을 올리고, 볶은 참깨를 갈아서 뿌리면 끝!

센스 만점 정국의 TIP

√ 일반 김 가루 말고 꼭 김자반 사용하기!
√ 들기름은 반드시 저온압착 생들기름 100%로!
√ 메밀면은 메밀 함량이 30% 이상인 것으로!

미술관
RM 따라 미술관 투어하기
서울의 환기미술관, 경주의 솔거미술관, 제주도의 본태미술관 등 미술에 관심이 많은 RM은 전국 각지의 다양한 미술관을 방문하고 인스타그램에 흔적을 남겼다. 2020년에는 국립현대미술관에 1억원을 기부할 정도로 문화·예술에 특별한 애정을 드러냈다. 기부금은 절판된 미술 도서를 제작해 전국 400여 곳에 기증하는 데 사용됐으며, RM은 그 공로를 인정받아 한국문화예술위원회가 선정한 '2020 올해의 예술후원인대상' 개인 부문을 수상하기도 했다. 그를 따라 가까운 미술관을 찾아 예술 산책에 나서보는 것은 어떨까.

등산
가벼운 산행 혹은 정상을 향해 등산하기
정국과 진이 다녀간 하남 검단산, 제이홉과 RM이 오른 춘천 용화산, 뷔가 등산한 아차산 등 BTS 공식 트위터와 하이브 오리지널 콘텐츠, RM의 인스타그램 등을 통해 멤버들이 등산을 하는 모습이 자주 노출됐다. 정상까지 오르기가 부담스럽다면 가벼운 산행을 계획해보자.

어느 산을 갈까요?
√ 정국과 진이 다녀간 하남 검단산은 5호선 하남검단산역 3번 출구에서 도보로 15분 거리! 접근성이 좋아요.
√ 제이홉과 RM이 오른 춘천 용화산 코스는 정상까지 최단 거리인 '큰고개' 코스.

인증 샷
멤버들의 포즈 그대로 인증 샷 찍기
포털 사이트에서 '방탄 투어', '덕질 투어' 등의 제목으로 올라온 게시글을 여럿 볼 수 있다. 인스타그램이나 공식 트위터를 통해 공개된 BTS 멤버들의 사진을 보고 그들이 다녀온 지역과 장소를 유추해 그대로 여행하는 것을 말한다. 특히 퍼즐을 맞추듯 멤버들의 사진과 동일한 장소에서 똑같은 포즈로 사진을 촬영하는 것이 소소한 재미다.

BTS처럼 인증 샷 찍는 노하우!
√ 이 책의 PART 2를 꼼꼼히 살펴보세요. 곳곳에 멤버들이 촬영한 장소와 포즈를 따라 한 사진이 숨어 있답니다.

FEATURE ②
GOODS

수집가들을 위한 BTS 굿즈 숍 모음ZIP

참새가 방앗간을 지나치지 못하듯 BTS의 굿즈를 판매하는 곳이라면 아미의 발길을 붙든다. 인기 있는 오프라인 굿즈 숍과 온라인 몰, BTS 성지 곳곳에서 구매할 수 있는 굿즈들을 모았다.

ON-LINE

위버스샵

'위버스샵'은 전 세계 K팝 팬들을 위한 공식 굿즈 숍이다. 숍에는 아티스트의 앨범뿐만 아니라 온라인 라이브 스트리밍 이용권, 공연 티켓, 단독 제작 굿즈 등 위버스샵에서만 구매할 수 있는 상품이 있다. 상품 구매는 위버스 회원만 가능하다. 공식 홈페이지와 트위터(@weverseshop)에서 예약 판매 일정을 공지하니 미리 확인해보고 구매하는 것이 좋다.

OFF-LINE

위드뮤 홍대점

홍대 팬덤 숍 '위드뮤'에는 K팝 아이돌의 앨범, 포토 카드, 피겨, 응원봉 등 다양한 종류의 굿즈가 가득하다. BTS의 굿즈는 멤버들의 특징을 살린 타이니탄(TinyTAN) 인형과 미니 피겨 그리고 앨범 등이 진열돼 있다. 입구에는 앨범 한 장을 사면 포토 카드를 뽑을 수 있는 럭키 드로 기계가 마련돼 있다. 또 위드뮤 내부에는 카페가 있어 굿즈 구매 후 이곳에서 언박싱을 할 수도 있다.

📍 서울시 마포구 양화로 188 AK플라자 2층
📞 02-332-0429

상상과상상

TinyTAN은 BTS 멤버들을 모티브로 한 캐릭터다. 멤버별 특징을 잘 잡아내 많은 사랑을 받고 있다. '상상과상상'은 TinyTAN 공식 라이선스 파트너로, 판매 사이트와 인스타그램을 운영하고 있다. 피겨는 물론, 옷걸이·칫솔 세트 등 다양한 제품을 판매하고 있으며, 멤버별로 상품을 확인할 수 있어 편리하다.

FEATURE ③
STAMP TOUR

BTS 따라 스탬프 투어

지역의 대표 명소로 구성한 서울·완주·삼척의 스탬프 투어.
BTS가 방문한 곳은 물론, 함께 들러보면 좋은 장소도 모았다.
도장 깨기 하듯 한 곳씩 방문해 보자!

#서울 야경 코스
BTS 데뷔 10주년을 기념해 선정한 BTS 명소 중 야경이 아름다운 핫 플레이스 코스.

1. 경복궁
2020년 〈지미 팰런 쇼〉 촬영지
매년 가을 진행하는 야간 개장을 위해 예매 전쟁이 일어날 만큼 아름다운 곳.

2. 여의도한강공원
BTS 데뷔 10주년 기념 페스타 행사 장소
서울을 조망하는 여의도의 랜드마크, 여의도한강공원.

3. 월드컵대교
2021년 〈지미 팰런 쇼〉 촬영지
마포구 상암동과 영등포구 양평동을 잇는 한강의 31번째 다리.

4. 노들섬
〈2021 시즌 그리팅〉 촬영지
지름 12m의 인공 보름달 '달빛노들' 앞이 바로 포토 스폿.

5. 아차산
'달려라 방탄' 촬영지
등산로가 잘 조성돼 있어 가벼운 산행에 적당한 산.

6. 문화비축기지
'달려라 방탄' 촬영지
석유비축기지였던 곳이 친환경 복합 문화 공간으로 재탄생했다.

#완주 썸머 패키지 코스
2015년부터 시작된 BTS의 마지막 썸머 패키지 촬영 코스.

7. 오성제
〈2019 썸머 패키지〉 촬영지
잔디와 나무, 꽃의 운치를 품은 저수지.

8. 아원고택
〈2019 썸머 패키지〉 촬영지
전통 한옥을 중심으로 미술관과 생활관이 공존하는 복합 문화 공간.

여의도한강공원

원주 아원고택

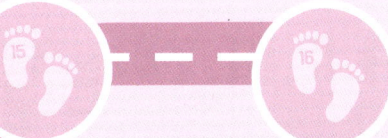

삼척항 대게거리
진이 방문했다는 그곳 삼척항 초입부터 이어져 있으며, 동해안의 명물 대게 요리를 한 번에 맛볼 수 있는 대게거리.

삼척해변

함께 들르면 좋은 곳
맹방해수욕장과 공양왕릉 사이에 위치한 길이 400m의 작은 해변.

위봉산성

〈2019 썸머 패키지〉 촬영지
위봉사, 위봉산성, 위봉폭포 등 다양한 여행지의 묘미를 즐길 수 있는 곳.

맹방해안생태탐방로

함께 들르면 좋은 곳
기암괴석이 즐비한 맹방대해와 해변의 정취를 감상할 수 있는 생태 탐방로.

만경강

〈2019 썸머 패키지〉 촬영지
유유히 흐르는 만경강과 드넓게 펼쳐진 들판이 자랑하는 수려한 경관!

고산창포마을

〈2019 썸머 패키지〉 촬영지
청정 자연, 4000평이 넘는 창포 군락지를 품고 있다.

맹방해수욕장

〈Butter〉 앨범 재킷 촬영지
강원도 지역 해변에서 가장 긴 6km의 백사장을 보유하고 있는 해수욕장.

#삼척Butter코스
싱글 CD 〈Butter〉의 앨범 재킷 촬영지를 중심으로 엄선한 코스.

경각산

〈2019 썸머 패키지〉 촬영지
계절별로 매혹적인 빛깔을 자랑하는 모악산의 짝꿍산.

맹방해수욕장

FEATURE ④
ARMY CULTURE

BTS를 비상하게 한
A.R.M.Y라는 날개

BTS를 이야기할 때 빼놓을 수 없는 것.
바로 BTS의 공식 팬덤 '아미(A.R.M.Y)'다.
7명의 청년을 날아오르게 한 날개,
아미와 그들의 문화에 대해 알아본다.

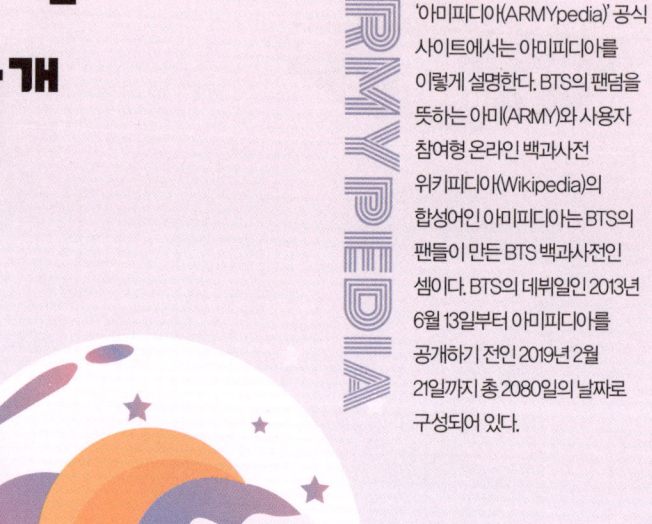

A.R.M.Y

BTS(방탄소년단)의 공식 팬덤. Adorable Representative M.C for Youth(청춘을 위한 사랑스러운 대변인)의 약자인 '아미(A.R.M.Y)'는 영어로 육군, 군대라는 뜻이다. 방탄복은 군인에게는 필수품이자 늘 함께하는 아이템으로, BTS와 팬클럽도 항상 함께한다는 의미를 담고 있다. 2013년 12월 9일 1기 아미 모집을 공지한 후, 2014년 3월 29일 창단식을 열고 정식 팬클럽을 결성했다.

ARMYPEDIA

'ARMY들이 만드는 BTS의 기억 저장소.' '아미피디아(ARMYpedia)' 공식 사이트에서는 아미피디아를 이렇게 설명한다. BTS의 팬덤을 뜻하는 아미(ARMY)와 사용자 참여형 온라인 백과사전 위키피디아(Wikipedia)의 합성어인 아미피디아는 BTS의 팬들이 만든 BTS 백과사전인 셈이다. BTS의 데뷔일인 2013년 6월 13일부터 아미피디아를 공개하기 전인 2019년 2월 21일까지 총 2080일의 날짜로 구성되어 있다.

BIRTHDAY CAFE

주로 아이돌 등 본인이 좋아하는 연예인이나 캐릭터의 생일을 축하하기 위해 팬들이 모여 이벤트를 여는 카페를 '생일 카페', 줄여서 '생카'라고 한다. 생일을 포함해 3~5일 동안 진행하며, 그 기간 동안 카페는 연예인의 포스터·액자·현수막 등으로 꾸며진다. 카페에서 흘러나오는 음악까지 팬들의 '최애' 리스트로 선정할 수 있다. 음료를 구매하면 '특전'이라는 사은품을 제공하는데, 주로 포토 카드나 엽서가 일반적이다. 그러나 금손을 가진 팬들은 키링이나 티셔츠 등 본인이 자체 제작한 굿즈를 함께 증정하기도 한다. 아미들은 주로 트위터를 통해 생일 카페의 일정과 장소를 공유한다. 'BTSROAD'라는 웹사이트에서 이러한 생일 카페 정보를 한 번에 확인할 수 있다.

FESTA

매년 BTS의 데뷔일인 6월 13일을 기념해 약 2주일간 진행하는 이벤트. 이 기간에는 BTS 멤버들의 자작곡과 안무 영상, 라디오 방송 등 다양한 콘텐츠가 공개된다. 전 세계 아미가 손꼽아 기다리는 이 행사는 신인 시절 멤버들의 적극적인 의견으로 탄생했다. 뭐라도 해보자는 생각에 멤버들이 회사에 직접 제안해 시작되었다고 한다.

10TH FESTA

2023년 6월, 서울 곳곳이 보랏빛으로 물들었다. 바로 BTS의 데뷔 10주년을 기념하는 '2023 BTS FESTA' 때문이다. 서울시청부터 세빛섬, 남산서울타워, 월드컵·반포·양화·영동대교까지 서울의 랜드마크들은 BTS를 상징하는 보라색 조명으로 환히 밝혀졌다. 또 여의도한강공원에는 BTS 데뷔 10주년을 기념하는 부스가 세워졌고, 메인 이벤트와 불꽃 축제 등의 행사가 진행돼 무려 30만 명이 넘는 팬이 몰렸다.

DONATION

아미는 통 큰 기부를 하는 것으로도 유명하다. 코로나19 확산 방지를 위한 기부부터 흑인 인권 운동 캠페인까지 기부를 하는 기관과 주제도 매우 다양하다. 〈위버스 매거진〉에 따르면 2020년 9월까지 공식적으로 확인 가능한 기부 금액만 20억원이 넘는다. 전 세계 비영리단체와 협력해 소액 기부를 장려하는 'One In An ARMY(OIAA)'와 아미의 모든 자선 활동을 기록한 웹사이트 'ARMYs Charity Map' 등 아미가 주체가 되어 운영하는 기관이 있다는 것도 특징이다.

BTS FOREST

'RM 숲 1호', '정국 숲 4호' 등 한강공원에 다소 낯선 숲의 이름이 눈에 띈다. 바로 전 세계 팬들로부터 모은 기부금을 통해 조성하고 BTS의 이름을 붙인 숲이다. BTS는 2021년 UN 'SDG Moment' 행사에서 기후변화에 대한 목소리를 내며 지속 가능한 지구를 위한 관심을 촉구했다. 팬들 역시 사회적 기업과 협업해 멤버들의 생일을 축하하는 숲을 조성하는 등 BTS의 행보에 발맞춰나가며 응원을 보내고 있다.

FEATURE ⑤
CONCERT HALL

콘서트홀로 보는 BTS 성장기

5000명의 관객을 동원한 첫 단독 콘서트부터 우리나라를 대표해 부산 엑스포 유치를 기원하며 진행한 공연까지…. 단독 콘서트를 진행한 국내 공연장을 통해 BTS가 현재의 자리에 오르기까지의 과정을 되돌아본다.

2015 국내관객수 6500여 명

올림픽공원 올림픽홀
서울시 송파구 올림픽로 424
2015 BTS LIVE TRILOGY: EPISODE I. BTS BEGINS

'일곱 소년의 시작을 돌아보다'
일곱 멤버들의 첫 시작을 새롭게 조명한 콘서트. 이곳에서 풋풋하고 자유분방했던 소년들이 만나 BTS가 되기까지의 이야기를 담은 콘서트를 개최했다.

국내관객수 1만3500여 명

SK올림픽핸드볼경기장
서울시 송파구 올림픽로 424 올림픽공원
2015 BTS LIVE 화양연화 ON STAGE

'데뷔 후 첫 1위를 거머쥐다'
미니앨범 3집 〈화양연화 pt. 1〉의 타이틀곡 'I Need You'로 첫 음악 방송 1위라는 쾌거를 달성한 후 이곳에서 콘서트를 진행했다.

2014 국내관객수 5000여 명

예스24 라이브홀
서울시 광진구 구천면로 20
2014 BTS LIVE TRILOGY: EPISODE II THE RED BULLET

'진짜 가수로 거듭나다'
데뷔 1년 만의 첫 단독 콘서트. BTS는 '데뷔 전부터 콘서트를 해야 진짜 가수'라는 생각을 가지고 있었다고 밝힌 바 있다. 생각을 현실로 실현시킨 꿈같은 콘서트 장소.

2016 국내관객수 2만4000여 명

올림픽체조경기장(KSPO DOME)
서울시 송파구 올림픽로 424 올림픽공원
2016 BTS LIVE: 화양연화 ON STAGE EPILOGUE

'나훈아, 엘튼 존과 어깨를 나란히 하다'
슈가의 믹스테이프 'The Last' 가사에 등장하는 '악스에서 체조'. 여기서 체조가 의미하는 것이 바로 올림픽공원 내 체조경기장이다. 당대 내로라하는 아티스트만이 입성할 수 있다는 이곳에서 열린 콘서트로 BTS의 저력을 확인할 수 있었다.

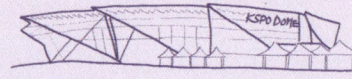

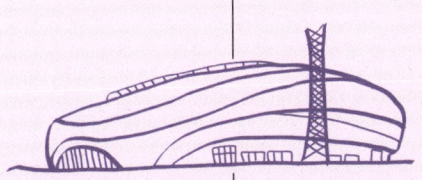

2017
국내 관객 수 **10만 여 명**

고척스카이돔
서울시 구로구 경인로 430
- 2017 BTS LIVE TRILOGY EPISODE III: THE WINGS TOUR
- 2017 BTS LIVE TRILOGY EPISODE III: THE WINGS TOUR THE FINAL

'윙즈 투어의 시작과 끝을 알리다'

북미, 동남아, 호주 등 19개 도시 40회 공연 매진을 기록한 윙즈 투어의 시작점이 된 고척스카이돔. 오픈과 동시에 매진된 티켓으로 더욱 높아진 BTS의 위상을 여실히 체감할 수 있었다.

2018
국내 관객 수 **22만 여 명**

잠실종합운동장 올림픽주경기장
서울시 송파구 올림픽로 25
- 2018 BTS WORLD TOUR LOVE YOURSELF
- 2019 BTS WORLD TOUR LOVE YOURSELF: SPEAK YOURSELF THE FINAL

'첫 유럽 투어를 확정 짓다'

2018년 8월 시작한 '러브 유어셀프' 월드 투어는 2019년 10월 '러브 유어셀프: 스피크 유어셀프 더 파이널' 투어로 끝을 맺었다. 특히 영국, 네덜란드 등 첫 유럽 투어를 진행한 것이 특징이다.

2022
국내 관객 수 **4만 5000여 명**

잠실종합운동장 올림픽주경기장
서울시 송파구 올림픽로 25
2022 BTS PERMISSION TO DANCE ON STAGE - SEOUL

'코로나19 이후 2년 반 만에 마주하다'

전 세계적 팬데믹으로 온라인 영상으로만 만날 수 있었던 BTS. 2년 6개월 만에 하루 1만 5000명으로 관객 수를 제한해 3일간 무함성·무기립 콘서트를 개최했다. 애타는 기다림을 담은 함성 대신 응원 도구를 활용한 박수 소리가 공연장을 가득 메웠다.

국내 관객 수 **5만 여 명**

부산아시아드주경기장
부산시 연제구 월드컵대로 344
2030 부산세계박람회 유치 기원 콘서트
BTS 'Yet to Come' in BUSAN

'해외 팬을 위해 항공편까지 증편하다'

부산 엑스포 홍보대사가 된 BTS는 2022년 10월 '2030 부산세계박람회 유치 기원 콘서트'를 진행했다. 무료로 진행한 이번 콘서트는 대면 공연과 라이브 스트리밍, TV 생중계 등을 통해 전 세계 229개 국가와 지역이 함께하며 BTS라는 구심점을 통해 전 세계인을 하나로 만들었다.

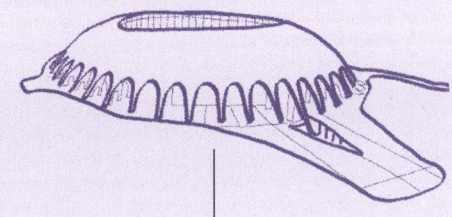

아미가 만들어 가는
'THE PURPLE ROAD',
그 보랏빛 길은 앞으로도
쭉 계속됩니다.

PUBLISHER		김정호　Jungho Kim
EXECUTIVE DIRECTOR		하영춘　Youngchun Ha
EDITOR IN CHIEF		이선정　Sunjung Lee
EDITORIAL	Managing Editor	강은영　Eunyoung Kang
	Editor	정상미　Sangmi Jung
		김은아　Una Kim
		박소윤　Soyoon Park
		윤제나　Zena Yoon
DESIGN	Design Director	박명규　Myeongkyu Park
	Designer	송　영　Young Song
		표자영　Jayoung Pyo
		김민준　Minjun Kim
		정다운　Dawoon Jung
PHOTOGRAPHY	Photographer	이여진　Yeojin Lee
		지다영　Dayoung Ji
		이효태　Hyotae Lee
		성종윤　Jongyoon Seong
SALES & DISTRIBUTION	Sales & Marketing Director	정갑철　Kapchul Jung
	Sales & Marketing Officer	선상헌　Sangheon Sun
		조종현　Jonghyun Cho

초판 1쇄 발행일 2023년 9월 12일
한국경제신문
서울특별시 중구 청파로 463
02-360-4859
hankyung.com

등록 제2006-000008호

값 16,800원
ISBN | 978-89-475-0031-9(93320)

● 잘못 만들어진 책은 구입하신 곳에서 교환해드립니다.
● 이 책은 저작권법에 따라 보호받는 저작물이므로 무단 전재와 복제를 금합니다.